SVENSKA ORDNAR OCH MEDALJER

SVENSKA ORDNAR OCH MEDALJER

Fredrik Löwenhielm

Kungl Maj:ts Ordens sigill

Andra upplagan

Atlantis · Stockholm

1998

Generösa bidrag
till tryckning av denna skrift har lämnats av
Ordenskapitlet vid Kungl Maj:ts Orden och
Kungl Patriotiska Sällskapets understödsfond

Fotografierna av nuvarande
Kungl Serafimer- och Nordstjärneordnarna samt av
ett antal medaljer har tagits av Karl-Erik Granath.
Fotot av kungaparet har tagits av Hans Hammarskiöld.
Teckningarna är gjorda av Bengt Olof Kälde.

ATLANTIS · STOCKHOLM

Grafisk form Leif Thollander
Omslagsbild Kungl Serafimerordens kraschan
Typsnitt Monotype Fournier & Fry's Ornamented
Andra upplagan
Tryck Daleke Grafiska AB, Malmö 1998
Bokbinderi Förlagshuset Nordens Grafiska AB, Malmö
ISBN 91-7486-413-0

H M Konung Carl XVI Gustaf,
de svenska Riddarordnarnas Stormästare
H M Drottning Silvia,
Ledamot och kommendör av Kungl Maj:ts Orden

H M Konungen bär, utöver Serafimerorden, även Vasaordens storkorskraschan och Svärdsordens kommendörstecken samt Konung Gustaf V:s jubileumsminnestecken II, Konung Gustaf VI Adolfs minnesmedalj och de norska kungliga minnestecknen Konung Håkon VII:s erinringsmedalj och Konung Olav V:s jubileumsmedalj.

H M Drottningen bär Serafimerorden och ett miniatyrporträtt av H M Konungen.

Innehåll

Förord . . . . *sida* 9

Ordensväsendets uppkomst och utveckling 11
De andliga riddarordnarna 11 · Världsliga riddarordnar 14 · Ordensinsignier och dräkter 14 · Ordensgrader 15

Ordensväsendet i Sverige 1560–1974 17
Serafimerorden 21 · Svärdsorden 23 · Nordstjärneorden 27 · Vasaorden 30 · Carl XIII:s orden 32

Ordensväsendet i Sverige efter år 1974 33

Medaljväsendets uppkomst och utveckling 38

Kungl Minnestecken och Kungl Medaljer, ordensmedaljer och övriga medaljer 39
Kungl Jubileums- och Minnestecken 39 · Av H M Konungen personligen förlänade medaljer 39 · Till riddarordnarna hörande medaljer 42 · Särskilda Kungl Medaljer 42 · Av regeringen förlänade medaljer 44 · Av statliga verk och institutioner utdelade medaljer 45 · Kungl Akademiers förtjänstmedaljer 45 · Halvofficiella medaljer med Konungens bild och kunglig krona 45 · Medaljer och andra utmärkelsetecken som ej har Konungens bild och kunglig krona 47

Bärande av ordnar och medaljer 48
Civil högtidsdräkt, herrar och damer 49 · Militär och civil stor uniform 54 · Annan civil och militär klädsel 54 · Särskilda anvisningar 56

Hovkalenderns rekommendationer om bordsplacering av ordens- och medaljinnehavare 57

Handläggning av ordens- och medaljärenden 58

Bilagor

1. Översikt över de svenska ordnarna, viktigare svenska medaljer och andra utmärkelsetecken 62
2. Förkortningar för ordnar och medaljer 89
3. Kungl Maj:ts ordenskungörelse den 6 december 1974 med ändringar den 20 februari 1986, 4 maj och 29 juni 1995 97
4. Utdrag ur stadgar för Kungl Serafimer- och Nordstjärneordnarna fastställda i extra ordenskapitel den 21 december 1995 98

Källor och litteratur 100

Förord

ATT GENOM gåvor uttrycka uppskattning och tacksamhet människor emellan har förekommit i mänsklighetens hela historia. Grupper av människor har sedan mycket länge genom att bära gemensamma symboliska tecken velat visa samhörighet i ena eller andra avseendet.

Medel och metoder har naturligen växlat då det gällt att visa uppskattning och samhörighet. Redan i tidig kristen tid utvecklades ett klosterväsen, där medlemmarna genom likartade dräkter och tecken visade vilket ordenssamfund de tillhörde. Under korstågstiden grundades flera andliga riddarordnar. Medlemmarna i dessa ordnar bar på sina dräkter, rustningar och sköldar enhetligt utformade kors som visade inte blott att man kämpade för den kristna tron utan även att man hörde samman i en gemenskap.

Andliga och världsliga furstar skapade under medeltiden och nya tiden sina särskilda ordensdekorationer. De utdelades som bevis på furstlig nåd och tacksamhet och medförde en nära anknytning till furstens person.

Ordensväsende finns i de flesta av jordens stater och används som ett medel för statschefen att belöna de egna medborgarna och utlänningar för insatser till samhällets bästa.

Vid sidan av och som en komplettering av ordensväsendet har man de senare århundradena utdelat medaljer. I motsats till ordnarna, som i den kristna världen oftast getts en korsform, är medaljerna runda eller ovala. På framsidan (åtsidan) är de i regel försedda med en bild i relief och på baksidan (frånsidan) finns en text som anger medaljens ändamål samt innehavarens namn.

Medaljer utdelas för framstående insatser inom samhällets olika grenar men även som minne av en händelse eller en person som varit av betydelse för samhällets utveckling. Både ordnar och medaljer används som belöningar för framstående insatser under krig.

Sedan mitten av 1700-talet har i vårt land funnits ett utvecklat ordens- och medaljväsende avsett för såväl svenska som utländska medborgare. Genom statsmakternas beslut år 1974 upphörde emellertid utdelandet av svenska riddarordnar till svenska medborgare från den 1 januari 1975.

Under tidernas lopp har det vuxit fram regler och föreskrifter om när och hur ordenstecken och medaljer bör bäras. Den senaste skriften på svenska i detta ämne utgavs år 1953 av legationsrådet greve Sten Lewenhaupt med titeln *När och hur böra ordnar bäras* (3 omarb uppl). Den är numera svåråtkomlig.

Åtskilliga förändringar har på senare tid inträffat inom det svenska medaljväsendet, bl a som en följd av 1973 års regeringsform. Intresset för utländska ordnar har också ökat under de senaste årtiondena. De här förhållandena har motiverat utgivandet av denna skrift. Avsikten med den är att ge en orientering om ordens- och medaljväsendets historiska utveckling samt en översikt över hur belöningstecken bör bäras i olika sammanhang.

Boken gör inte anspråk på fullständighet. Föreskrifterna för bärandet av utländska dekorationer är endast antydda med exempel. För bärande av belöningstecken som erhållits för prestationer utförda inom t ex idrotten eller skytteväsendet hänvisas till vederbörliga reglementen.

Från enskilda håll har jag mottagit många goda råd och anvisningar för vilka jag tackar varmt.

I denna upplaga har hänsyn tagits till de ändringar och tillägg som år 1995 gjorts i 1994 års ordenskungörelse samt till 1995 års stadgar för Kungl Serafimer- och Nordstjärneordnarna. Härutöver har några smärre ändringar och tillägg gjorts i texten.

I och med utgivandet av denna andra upplaga har jag även velat erinra om att det år 1998 är 250 år sedan det svenska ordensväsendet tillkom år 1748. Jubileet kommer att högtidlighållas av Kungl Maj:ts Orden, bl a genom utgivadet av en omfattande minnesskrift.

Stockholm i januari 1998

FREDRIK LÖWENHIELM
Fd vice ordenskansler, tillika sekreterare
vid Kungl Maj:ts Orden

Ordensväsendets uppkomst och utveckling

De andliga riddarordnarna

De äldsta ordenssamfunden vid sidan av munkordnarna var korstågstidens andliga riddarordnar, bland andra Johanniter-Malteserorden, Tempelherreorden och Svärdsriddarorden, som alla tillkom i början av medeltiden. Dessa samfund hade en internationell karaktär och medlemmarna avgav såväl munklöften som löften om att strida för den kristna kyrkan mot otron samt att vårda och skydda sjuka, fattiga och nödställda. Ordenstillhörigheten utvisades genom att ett för varje orden karaktäristiskt kors bars på riddarens livklädnad och mantel. Några av dessa ordnar fortlever alltjämt. De har numera enbart kristen humanitär verksamhet som sin uppgift. Så är fallet med den katolska Malteserorden, som är ett suveränt internationellt samfund, samt den huvudsakliga protestantiska Johanniterorden, som är uppdelad på nationella ordnar i bl a Storbritannien, Tyskland, Nederländerna och Sverige. Johanniterordnar finns även i Frankrike, Schweiz, Finland och Ungern. Dessa fyra ordnar är knutna till den tyska Johanniterorden.

Johanniter-Malteserordens kors.

Strumpebandsordens axelband och »strumpeband«.

Danska Elefantordens tecken i band.

Svärdsordensdräkten.

Världsliga riddarordnar

Under senmedeltiden började många furstar i Europa att instifta egna ordenssamfund, vilkas syfte var att belöna framstående undersåtar och att knyta dem närmare till furstens person. Sambandet med den katolska kyrkan markerades genom att påven regelmässigt prövade och godkände statuterna för sådana furstliga ordnar. En hög prelat ingick i ordens kapitel eller styrelse. Som samfundstecken användes ofta en gyllene kedja med ett vidhängande ordenstecken. Bland sådana medeltida ordnar, som alltjämt äger bestånd, kan nämnas den brittiska Strumpebandsorden och den danska Elefantorden.

Den största gruppen världsliga ordnar är den som från 1500-talet och senare instiftats av monarker, andra statsöverhuvuden och regeringar. Dessa ordnars uppgift var och är att vara officiella och synliga belöningstecken för politiska, militära, vetenskapliga, konstnärliga eller allmänt medborgerliga insatser och förtjänster. Från början användes även här halskedjor med vidhängande ordenstecken som utmärkelsetecken. Snart nog reserverades dock dessa kedjor för särskilt högtidliga tillfällen och ersattes med ett band buret om halsen i vilket ordenstecknet var fästat. Under 1600-talet blev bruket allmänt att varje orden hade sin särskilda bandfärg.

Ludvig XIV av Frankrike reformerade sitt lands ordensväsende och fastställde bl a att en ordensriddare skulle bära ordenstecknet i ett band över högra axeln till vänstra höften. Medlemmar av andliga ståndet och den högre domarkåren fortsatte dock att bära bandet runt halsen. Den franska modellen blev mönster för de flesta stater. Vissa ordnars band, bl a den danska Elefantorden och isländska Falkorden, bärs dock över vänstra axeln.

Ordensinsignier och dräkter

Ordenstecknen har mycket växlande utseende, men under de senaste århundradena har de flesta utgjorts av ett malteserkors (se s 11, fyra korsade armar och åtta spetsar) eller ett Georgskors (fyra korsade armar vilkas yttre delar är raka).

Ordenstecknen är oftast konstfärdiga guldsmedsarbeten i ädla metaller och emalj. På 1600-talet tillkom ett större ordenstecken i form av en broderad kraschan som fästes på riddarens ordensdräkt eller mantel. Förebilden var härvid de andliga riddarordnarna. Dessa broderade kraschaner är numera ur bruk och har ersatts av tecken i metall och emalj, som med ett särskilt spänne fästes på livplagget, fracken eller uniformsrocken. På ytterplagg bärs i regel inga ordensinsignier.

För att ytterligare markera ordensvärdigheten användes länge inom många världsliga riddarordnar särskilda ordensdräkter, som bars vid statsceremonier och i ordenskapitel. I Sverige upphörde bruket att bära riddarordensdräkt år 1844. I Storbritannien och hos de kvarlevande andliga riddarordnarna bär dock ordensriddarna alltjämt vid högtidliga tillfällen särskilda dräkter eller mantlar.

Ordensgrader

Ursprungligen hade de andliga och de världsliga riddarordnarna endast en värdighet eller ordensgrad, och ordenstecknet utdelades blott till ett fåtal personer i furstens närmaste omgivning. Efter hand som antalet ämbets- och tjänstemän ökade inom staternas förvaltningar uppstod önskemål om en praktisk och icke dyrbar form av belöning till statliga befattningshavare. Furstarna måste av kostnadsskäl begränsa antalet adelskap och tilldelning av gods eller andra dyrbara utmärkelser. Återigen med förebild från Ludvig XIV:s Frankrike kom i många stater införandet av ett flergradssystem inom ordensväsendet att bli en ny belöningsmetod.

Genom införandet av ett offentligt ordensväsende ökade statschefens möjligheter att belöna många personer som gjort landet tjänster såväl i fredstid som under krigsförhållanden. Ordensutdelningen blev således en mycket anlitad belöningsmetod. Kejsar Napoleon I gav Hederslegionen till mer än 30 000 undersåtar. Detta bidrog sannolikt till att stärka hans popularitet och att skapa en stark nationalkänsla.

Efter hand uppmjukades de i de flesta stater förekommande restriktiva föreskrifterna om begränsning av antalet innehavare av respektive ordensgrader. Antalet grader ökades även från två eller tre till fem eller sex. Ändringar genomfördes likaså i fråga om föreskrifter för ordensbelöningar även till kvinnor, till att börja med genom instiftande av särskilda damordnar och i senare tid genom att öppna de äldre ordnarna för kvinnor.

Det ursprungliga kravet på att ständigt bära tilldelade ordenstecken avskaffades på de flesta håll under 1800-talet. Ordensband i spännen och boutoner (knappar) kom att ersätta ordenstecknen. Det blev även från 1800-talets senare del vanligt att bära miniatyrer i stället för originalordnarna.

De flesta stater använder i dag ordnar och medaljer som belöningar såväl till de egna medborgarna som till utlänningar. Sverige är ett undantag genom att endast ge ordnar till utländska medborgare och statslösa. Internationella organisationer, t ex Förenta Nationerna och Internationella Röda Korset, utdelar också medaljer till personer som utfört förtjänstfullt arbete åt organisationen. Vid sidan om det officiella ordens- och medaljväsendet finns i många länder samfund och gillen, som utdelar ordnar eller andra tecken som bevis på medlemskap eller som belöning för gjorda insatser. Sådana utmärkelser kan ha en officiell eller »halvofficiell« prägel och bärs därför inte blott vid interna sammankomster inom samfundet utan även offentligt tillsammans med officiella belöningstecken.

Ett fåtal stater i Europa har inte något statligt ordensväsende. I åtskilliga av den forna Sovjetunions stater har äldre ordnar återupplivats. I andra stater pågår arbete med att upprätta ett officiellt ordensväsende.

Ordensväsendet i Sverige 1560–1974

I SVERIGE infördes år 1748 ett officiellt ordensväsende avsett främst för svenskar men även för utländska medborgare. Tidigare ansatser är dock kända. Erik XIV, Johan III och Karl IX bar en ordenskedja över axlarna med vidhängande ordenstecken.

Drottning Kristina instiftade år 1653 Amarantherorden, en hov- och sällskapsorden som med få undantag kom att tilldelas personer som deltog i hovets fester. Från Karl X Gustavs tid finns ett fullständigt utkast till statuter för en riddarorden, Jesu namns orden, som dock aldrig blev fastställda. Ett porträtt av Karl XI som barn visar honom bärande ett ordenstecken av hans faders orden med briljanter i blått band. Karl XII hade planer på att skapa en svensk riddarorden, som dock inte realiserades.

Först på 1740-talet var tiden mogen för att införa ett svenskt ordensväsende. Den drivande kraften var riksrådet Carl Gustav Tessin och bakom honom fanns bl a den unga viljestarka Kronprinsessan Lovisa Ulrika. Det uppstod ett alldeles speciellt skäl att vid denna tid fatta beslutet. Den nyvalde Kronprinsen Adolf Fredrik hade av sin nära släkting och beskyddare, Kejsarinnan Elisabet av Ryssland, fått mottaga storkorset av den ryska S:t Andreasorden. För det regerande hattpartiet i Sverige syntes det olämpligt att Kronprinsen vid sitt kommande trontillträde skulle som enda dekoration bära en rysk orden. Denna uppfattning förstärktes av att hattarna 1742–1743 genomförde ett för Sverige olyckligt krig mot Ryssland.

Förslaget om införande av svenska ordnar lämnades 1744 i form av ett memorial till riksdagens sekreta utskott av den kände arkitekten och konstnären Carl Hårleman. Författare till förslaget var dåvarande sekreteraren, sedermera kanslipresidenten Anders Johan von Höpken. Ur memorialet må följande citeras:

Intet rike finnes uti Europa, som icke äger sina egna riddare-ordnar, undantagande Sverige och republiken Holland. De nytja dem dels för egna undersåtar, dels för främmande, och krönta hufvuden tro sig kunna både anbjuda dem åt deras veder-

Erik XIV:s fridstecken med Salvatorsorden (träsnitt av okänd konstnär i Kungl biblioteket).

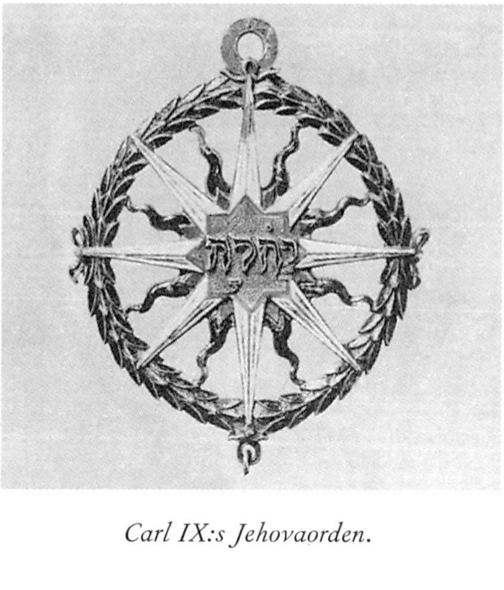

Carl IX:s Jehovaorden.

likar och äfven bära dem, hvaruppå man har exempel uti Konung Carl den XI, hvilken hade Strumpebands-orden, som Konung Carl den andre af besynnerlig aktning och vänskap honom tillsände.

Jag har mig bekant, att för några riksdagar tillbaka en sådan proposition yttrades, men tiderna och omständigheterna voro icke då af samma beskaffenhet som nu. Det tyckes sällsamt att se svenska män framlysa med främmande nådetecken och liksom af dem stämplade. Det tyckes nu mera äfventyrligt vara att ändra sådant utan att införa egna riddare-orden; det tyckes ändtligen så mycket nödigare vara att nu påtänka en slik författning, som man kunde afse sådana tider och menniskor, som torde vilja fria efter hederstecken hos främmande makter, med förlust af egen ära och igenom sitt fäderneslands uppoffrande.

Våra första ordensstatuter fastställdes den 23 februari 1748 av Fredrik I. Statuterna avsåg instiftandet eller – som det skrevs – »återupplivandet« av Serafimerorden, Svärdsorden och Nordstjärneorden. Gustav III instiftade Vasaorden under sitt första regeringsår 1772. Dessa fyra ordnar utgör de Kungl Svenska Riddarordnarna. Den institution som fick uppdraget att åt Konungen bereda ärenden rörande ordensväsendet benämndes Kunglig Majestäts Orden (KMO). »Orden« är i detta sammanhang en äldre pluralform och är att uppfatta som »ordnar«.

Ordensärenden avhandlades i ett ordenskapitel som leddes av Konungen i hans egenskap av ordnarnas »Herre och Mästare«. I ordenskapitlet deltog i övrigt Kronprinsen och ett antal av ordnarnas ämbetsmän och några innehavare av ordnarnas högsta grad. Ordinarie ordenskapitel sammanträdde en gång om året, i regel den 28 april som var Fredrik I:s födelsedag. Extra ordenskapitel hölls då så erfordrades. Den 6 juni och en dag i november/december inträffade under en lång tidsperiod de s k ordensregnen. Beslut om förläning av ordensvärdigheter fattades av Konungen vid de extra ordenskapitlen med ordenskanslern som föredragande.

För att handha de löpande ordensärendena fanns ett antal ämbetsmän av vilka ordenskanslern var den främste. Bland de övriga kan nämnas vice ordenskanslern, ordenssekreteraren, ordensskattmästaren, ceremonimästaren, rikshärolden, banerföraren, ordensprelaten, arkivarien och kamreraren. Dessa bar vid högtidliga tillfällen särskilda ämbets- eller tjänstetecken,

Kungl Serafimerorden. Kedjan med ordenstecken och kraschan.

som för flera utgjordes av Serafimerordens stora eller lilla ordenstecken i ljusblått band. Ordensprelaten bar dock sitt ämbetstecken på bröstet i kedjelänkar av guld. Numera finns endast ett fåtal ämbetsmän.

Utöver rena ordensärenden och förvaltningsuppgifter ålades det personalen i ordenskansliet att handlägga ett stort antal sjukvårds-, pensions- och understödsärenden.

De kungliga riddarordnarnas insignier hade alla malteserkorsets form utom den äldre Vasaorden som år 1772 gavs en oval medaljform. Från 1860 fick även Vasaorden korsform. Även kraschanerna, som från början utfördes som broderier på tyg, hade korsform. År 1871 ersattes de broderade kraschanerna med sådana av silver. De svenska ordenstecknen och kraschanerna framställdes i guld, silver och emalj. De anses allmänt vara mycket väl komponerade juvelerararbeten.

Serafimerorden

Serafimerorden – Sveriges förnämsta orden – var ursprungligen avsedd som belöning åt rikets allra främsta män. Även framstående utlänningar kunde tilldelas denna orden. Antalet svenska serafimerriddare utöver kungliga personer begränsades från början till 24 och utökades år 1811 till 32. Serafimerorden tillföll Prinsar av det kungliga huset och bars enligt beslut år 1908 av Sveriges Drottning. Den enda kvinna som före 1908 tilldelats Serafimerorden var Kejsarinnan Katarina II av Ryssland. Från år 1952 tilldelades orden även Sveriges Prinsessor. Drottning Silvia utnämndes till utländsk ledamot av Serafimerorden före Kungaparets bröllop i juni 1976.

Serafimerorden har endast en klass med värdighet av riddare eller ledamot. Insignierna är kedja, ordenstecken och kraschan. Ordenstecknet bärs antingen i en kedja över axlarna eller i ett ljusblått band över högra axeln. Dambandet är smalare. Kraschanen bärs på bröstets vänstra sida. Kedjan kan tilldelas utländsk statschef (eller motsvarande) som en särskild utmärkelse. Till Serafimerorden hör även Serafimermedaljen (se s 39).

Kungl Maj:ts Orden användes även som en beteckning för Serafimerorden, då denna förlänats en svensk medborgare. En svensk serafimer-

Serafimerbaneret färdigställt år 1810.

riddare anges således vara riddare och kommendör av Kungl Maj:ts Orden (RoKavKMO); han tituleras Herr, och hans förnamn används ej. Dam utnämndes till ledamot och kommendör av Kungl Maj:ts Orden (LoKav-KMO).

Efter riddares eller ledamots frånfälle uppsätts enligt särskilda bestämmelser en sköld med hans (hennes) vapen jämte valspråk i Riddarholmskyrkan i Stockholm. Där sker också klockringning för avliden riddare (ledamot) på begravningsdagen. Serafimerordens baner kan föras vid svensk riddares (ledamots) jordfästning.

Redan i de första ordensstatuterna av år 1748 fick Serafimerorden överinseendet över rikets sjuk- och fattighus. År 1752 öppnades Serafimerlasarettet i vars ledning två serafimerriddare insattes. 1766 års riksdag upphävde stadgandet som Serafimerordens humanitära uppgift, vilken dock år 1773 återupplivades av Gustav III. Under olika organisationsformer kvarstod detta uppdrag till år 1876, då uppgifterna överfördes till sundhetskollegium och andra myndigheter.

Serafimerordens kedja har alltsedan ordens tillkomst prytt rikets vapen. Även den senaste lagen om Sveriges riksvapen från 1982 stadgar att i stora riksvapnet kan huvudskölden omges av Serafimerordens insignier och att lilla riksvapnet får omges av Serafimerkedjan.

Svärdsorden

Svärdsorden gavs ursprungligen för tapperhet i fält och till sjöss och sedermera som belöning för långvarig gagnande verksamhet inom försvarsmakten. Från början hade den två grader, kommendör och riddare. Efter hand fick orden fem värdigheter avsedda för officerare (1972–1983 regementsofficerare): kommendör med stora korset, kommendör av första klassen, kommendör, riddare eller ledamot av första klassen samt för utlänningar riddare eller ledamot. År 1850 instiftades ett Svärdstecken att tilldelas underofficerare (1972–1983 kompaniofficerare). Innehavare av Svärdstecknet kallas svärdsman. Ordenskedjan kunde tilldelas utlänning som en särskild utmärkelse.

Kungl Svärdsorden. Överst kedjan med stora ordenstecknet.
På ömse sidor i övre raden t v ordenstecken för riddare av första klassen, t h svärdstecknet.
Nedre raden ordenstecken för riddare, storkorskraschan och svärdsmedalj.

1

2

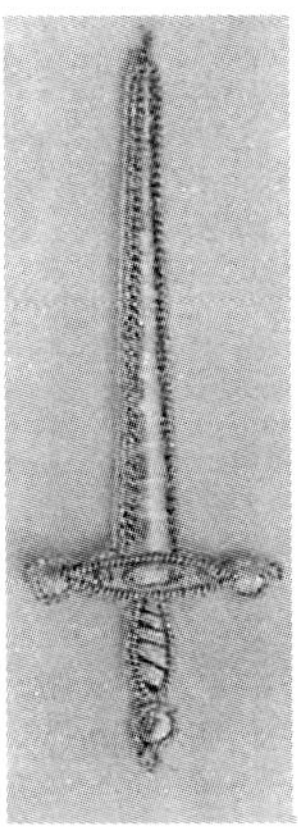

3

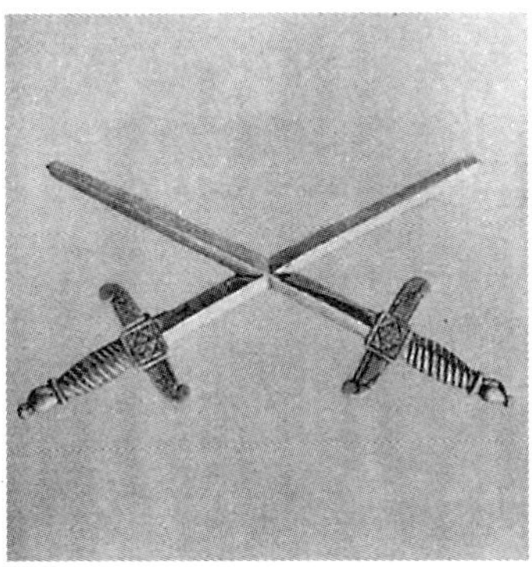

5

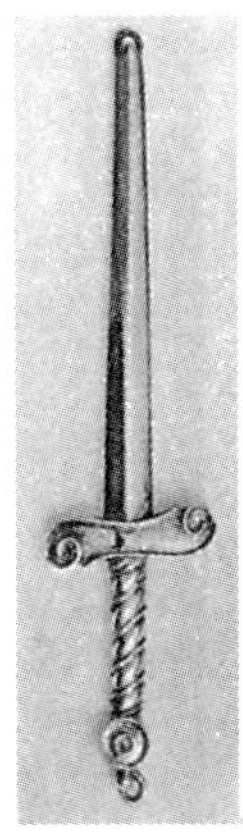

4

1 *och* 2. *Halstecken, åtsida och frånsida, för riddare med stora korset av Svärdsorden.*
3 *och* 4. *Tecken för riddare med stora korset första klassen.*
5. *Tecken för riddare med stora korset.*

Ordens insignier är kedja, stort och litet ordenstecken, storkors- och kommendörskraschaner samt svärd. Kommendör med stora korset bär det stora ordenstecknet antingen i kedjan eller i ett brett gult band med blå kanter över höger axel samt storkorskraschanen på bröstets vänstra sida. Kommendör av första klassen bär det stora ordenstecknet i ett halvbrett gult och blått band om halsen och kommendörskraschanen på bröstets vänstra sida. Kommendören bär det stora ordenstecknet i ett halvbrett band om halsen. Riddare eller ledamot av första klassen bär det lilla ordenstecknet i guld (förgyllt silver) i ett smalt band på bröstets vänstra sida. Riddare eller ledamot bär det lilla ordenstecknet i silver på samma sätt som riddare (ledamot) av första klassen. Svärdsman bär svärdstecknet i ett smalt band på bröstets vänstra sida.

Till Svärdsorden hör även Svärdsmedaljen i silver av åttonde storleken som tilldelades underbefäl (1972-1983 plutonsofficerare) efter liknande grunder som övriga insignier.

För krigstida förtjänster finns inom Svärdsorden flera *krigsdekorationer*. År 1788 instiftades värdigheten riddare med stora korset, vilken år 1814 uppdelades i riddare med stora korset av första och andra klassen. Den senare kallas från år 1952 endast riddare. Dekorationen består av två tecken, dels ett stort svärdsordenstecken (nära, men inte helt likt Svärdsordens stora ordenstecken) som bärs i ett halvbrett band och dels ett upprättstående – för riddare två korslagda uppåtriktade – svärd. Svärdet (svärden) är av silver

Svärdsordens krigskors.

och bärs på bröstets vänstra sida, i förekommande fall under svensk storkorskraschan. Den senaste som blivit utnämnd till riddare med stora korset av första klassen var Marskalken av Finland, Friherre Gustaf Mannerheim år 1942.

Till Svärdsorden hör även *Svärdsordens krigskors*, som finns reglerat i 1952 års ordensstadgar. Krigskorset har tre klasser - guld (förgyllt silver), silver och brons. Ett krigskors kan förlänas en till tre gånger, vilket anges med ett till tre svärd på bandspännet. Krigskorset har icke utdelats.

Nordstjärneorden

Nordstjärneorden var före 1975 avsedd som belöning åt svenska och utländska medborgare för »medborgerliga förtjänster, för ämbets- eller tjänstemannagärning, för vetenskaper, vittra, lärda och nyttiga arbeten samt för nya och gagneliga inrättningar«. Nordstjärnan eller polstjärnan var sedan Karl XI:s tid en vanlig symbol för snille och intellekt, men även en symbol för den svenske enväldige konungens person, »Roi polaire« – samtida med den franske Konungen Ludvig XIV, »Roi soleil«, solkonungen.

Ordens insignier är kedja, stort och litet ordenstecken samt storkors- och kommendörskraschan. Fram till år 1975 bars insignierna i ett svart band. Den franska Sankt Mikaelsorden anses ha varit förebild i fråga om ordensfärg.

Värdigheterna inom orden var kommendör med stora korset, kommendör av första klassen, kommendör samt riddare eller ledamot. Kommendör med stora korset bär det stora ordenstecknet antingen i kedjan eller i ett brett band över högra axeln samt storkorskraschanen på bröstets vänstra sida. För utlänning kunde kedjan förlänas som ett särskilt utmärkelsetecken. Storkorsbandet för damer är smalare. Kommendör av första klassen bär det stora ordenstecknet i ett halvbrett band om halsen och kommendörskraschanen på bröstets vänstra sida; kommendören bär stora ordenstecknet i halvbrett band om halsen. Riddare och ledamot bär det lilla ordenstecknet i ett smalt band på bröstet. Dam bär ordenstecknet i rosett på vänstra sidan invid axeln.

Kungl Nordstjärneorden i svart band. Ordenskedja med stora ordenstecknet.
Mindre ordenstecknet i svart band.
Kraschanen för storkors t v och kommendör första klassen t h.

Kungl Vasaorden. Överst i mitten storkorskraschan.
I mitten kedjan med stora ordenstecknet.
Nederst t v lilla ordenstecknet för riddare av första klassen, t h Vasamedaljen.

Utländsk medborgare som blivit utnämnd till kommendör av första klassen utan att tidigare vara kommendör tilldelas i regel endast kommendörskraschanen. I särskilda fall kan dock båda insignierna tilldelas.

Vasaorden

Vasaorden som instiftades – eller »instiktades« som det anges i statuterna – av Gustav III år 1772 var avsedd som belöning för förtjänster inom en rad områden där de s k tjänsteordnarna Svärds- och Nordstjärneordnarna inte kunde komma i fråga. Konungens mening var att orden främst skulle tilldelas personer, som gjort goda insatser för jord- och bergsbruk, teknisk utveckling och handel. Vasaorden var en fri orden, dvs obunden av regler om anciennitet, börd och utbildning.

Orden hade från början tre klasser, kommendör med stora korset, kommendör och riddare. Ordenstecknet utgjordes ursprungligen av en vase omgiven av en smal oval ram buren i grönt band. Dekorationens ursprungligen ovala form medförde att den i folkmun ofta fick heta »vasatrissan«. År 1860 ersattes »trissan« med ett ordenstecken i korsform och fick fem värdigheter i likhet med Svärdsorden. Kommendör med stora korset bär stora ordenstecknet i kedja eller i ett brett grönt band över högra axeln samt storkorskraschanen på bröstets vänstra sida. Dambandet är smalare. Kommendör av första klassen bär stora ordenstecknet i halvbrett band om halsen och kommendörskraschan på bröstets vänstra sida; kommendören bär stora ordenstecknet i halvbrett band om halsen. Riddare eller ledamot bär lilla ordenstecknet i smalt band på bröstet. Dam bär ordenstecknet i rosett på vänstra sidan invid axeln.

Till Vasaorden hör även Vasatecknet (avsett för utlänningar) och Vasamedaljen i guld (förgyllt silver) eller i silver av åttonde och femte storlekarna.

Carl XIII:s orden; halskors, bröstkors.

Carl XIII:s orden

Carl XIII:s orden är ett särskilt kungligt nådevedermäle som endast kan tilldelas svenska och utländska frimurare. Orden instiftades år 1811 av Karl XIII som var ordens förste stormästare, en värdighet som enligt ordensstatuterna skall innehas av Sveriges regerande konung.

Orden tillhör inte riddarordnarna inom Kungl Maj:ts Orden men är en officiell orden som bärs närmast efter riddarordnarna. Carl XIII:s orden berörs icke i Kungl Maj:ts proposition den 23 mars 1973 angående ändrat belöningssystem för statsanställda.

Orden har blott en klass och antalet svenska riddare utom medlemmar av konungahuset skall vara 30 varav tre av andliga ståndet. Riddarna av Carl XIII:s orden bildar ett eget, från Kungl Maj:ts Orden skilt ordenskapitel.

Carl XIII:s ordens insignier utgörs av ett rött ordenskors med guldkant av S:t Georgskorsets form som bärs i ett halvbrett rött band om halsen samt ett rött bröstkors. Vid särskilda högtider bär ordensriddarna en ordensdräkt med mantel prydd med ett rött ordenskors.

Ordensväsendet i Sverige efter år 1974

1974 ÅRS riksdag beslöt på grundval av en regeringsproposition (1973:91) att svenska medborgare efter 1 januari 1975 ej skulle förlänas svenska ordensvärdigheter. Utländska medborgare skulle dock alltjämt kunna tilldelas vissa ordensutmärkelser.

I Kungl Maj:ts ordenskungörelse år 1974 (SFS 1974:768) stadgades bl a att Konungen på förord av regeringen kunde tilldela utländsk statschef utmärkelse inom Serafimerorden samt annan utländsk medborgare utmärkelse inom Nordstjärneorden.

Ordenskungörelsen ändrades vid två tillfällen år 1995 (SFS 1995:497 och 1025). Den senare ändringen medförde att kungörelsen fick ny lydelse (bilaga 3). Den främsta ändringen innebär att Konungen (Kungl Maj:ts Orden) äger tilldela utmärkelse inom Serafimer- och Nordstjärneordnarna till medlemmar av det svenska konungahuset

År 1995 utnämnde Konungen Drottning Silvia, Kronprinsessan Victoria och Prinsessan Lilian till ledamöter och kommendörer av Kungl Maj:ts Orden. Prins Carl Philip tilldelades orden på sin 18-årsdag den 13 maj 1997.

Som konsekvens av ordenskungörelsens nya lydelse fastställde Kungl Maj:ts Orden efter regeringens godkännande nya stadgar för Serafimer- och Nordstjärneordnarna. Fastställandet skedde i extra ordenskapitel den 21 december 1995 (bilaga 4).

I egenskap av stormästare bär Konungen Serafimerordens och Nordstjärneordens insignier samt äger med stöd av äldre stadganden bära de övriga riddarordnarnas högsta värdigheter.

Serafimerorden har alltjämt endast en grad – riddare eller ledamot. Insigniernas utseende och föreskrifterna för deras bärande är oförändrade. För Nordstjärneorden har det tidigare svarta bandet ersatts med ett ljust mellanblått band med gula kanter. Värdigheterna inom denna orden är numera kommendör med stora korset, som i särskilda fall kan förlänas med kedja, kommendör av första klassen, kommendör, riddare eller ledamot av

Kungl Serafimerordens kraschan och ordenstecken i band omgivna av ordenskedja.

Kungl Nordstjärneorden 1975. Övre raden fr v kommendörstecken för damer (i rosett), storkorsband för herrar och kommendörstecken för herrar. Mellersta raden storkors- och kommendörskraschaner. Nedre raden fr v riddartecken första klassen, ledamotstecken första klassen och riddartecken.

första klassen samt riddare eller ledamot. Antalet ordensgrader har utökats med en genom att den äldre riddargraden delats i två. Den lägre riddargradens tecken liknar den högres, men är utfört i silver.

Regeringen införde år 1986 en till orden hörande medalj, Nordstjärnemedaljen (se s 42).

Sedan år 1975 har omkring 200 svenska ordnar årligen tilldelats utländska medborgare.

Värdigheter inom Svärds- och Vasaordnarna utdelas inte längre. Svenska medborgare som före utgången av år 1974 förlänats svenska ordnar och till riddarordnarna hörande tecken och medaljer får dock fortsättningsvis bära dessa. En svensk som innehar värdighet inom Nordstjärneorden bär denna i svart band och inte i det för utlänningar avsedda bandet i blått och gult.

För *ordningen* mellan de svenska ordnarna gäller följande. Efter Serafimerorden följer krigsdekorationer inom Svärdsorden och därefter Svärds- och Nordstjärneordnarna med dessa ordnars olika värdigheter. Vasaorden bärs efter dessa, dock med undantaget att storkorset av Vasaorden bärs före storkors av Svärds- och Nordstjärneordnarna. Efter riddarordnarna följer Carl XIII:s orden.

Svenska Johanniterorden, som är att betrakta som en halvofficiell orden, bärs efter samtliga officiella statliga ordnar och medaljer.

En översikt över de svenska ordnarna, de viktigaste medaljerna och andra utmärkelsetecken finns i bilaga 1.

I vårt land liksom i utlandet förekommer åtskilliga ordnar som inte är offentliga och endast bärs vid sammankomst inom vederbörligt ordenssällskap. Dessa sällskap kan vara slutna eller öppna.

Den förra kategorin är rikligt företrädd i vårt land. Svenska Frimurareorden, Timmermansorden, Par Bricole, Arla Coldinu och Odd Fellow är några väl kända ordenssamfund, vars ordensverksamhet helt är samfundens privata angelägenhet.

Till den senare kategorin kan även hänföras de s k sällskapsordnarna. Som exempel kan nämnas Stora Amarantherorden i Stockholm med anor från Drottning Kristinas tid och med en fristående orden i Helsingfors samt med »övningssamhällen« i Göteborg, Malmö och Karlskrona. Innocenceorden verkar i Stockholm med en underavdelning i Gävle. Båda dessa samfunds främsta uppgift är att med lämpliga tidsmellanrum – i regel två år – anordna sällskaplig samvaro med intagning av nya medlemmar och bal.

Medaljväsendets uppkomst och utveckling

Man brukar definiera en medalj som ett föremål av metall med bild och text i relief. Medaljen kan ha olika format men är vanligen rund eller oval, dvs den har ett myntliknande yttre men har ingen penningfunktion. Andra format förekommer även.

En särskild typ av medaljer är de som används för belöning eller som minne av en person eller en händelse. Dessa bärs i kedja eller band. Sedan 1500-talet har monarker och stater använt sådana medaljer som erkänsla för utfört arbete och för långvarigt nit i samhällets tjänst.

Belöningsmedaljer används sålunda i flera hänseenden på samma sätt som ordnar, men ett medaljinnehav medför inte inträde i ett samfund, som sker för en person som fått en orden. I många stater ställer man högre krav på utbildning och prestation i samhället på en blivande ordensinnehavare än på en person som kan bli berättigad till en medalj.

I vårt land har medaljer använts sedan slutet av 1500-talet och enligt utländska förebilder. Av äldre minnesmedaljer kan man nämna Gustav II Adolfs; den bars i ett svart band efter hans bortgång.

Det är emellertid först under senare delen av 1700-talet som bruket att använda medaljer som belöningstecken blev fullt utbildat. Under frihetstiden tillkom en rad medaljer vilkas inskrifter visade betydelsen av näringslivets utveckling och av praktiska reformer: »För dygdig flit och slöjd är äran bästa vinning«, »Mullbärs träns plantering« och »Försiktig landtmans stenbyggnad«.

Gustav III införde flera medaljer där framsidan visade Konungens bild och baksidan angav ändamålet. Särskilda regler fastställdes om vilka som var berättigade att ta emot nådevedermälet och hur utdelningen skulle tillgå.

Efter Gustav III:s tid har medaljväsendet fortsatt att utvecklas. Sedan ordensbelöningarna till svenska medborgare avskaffades har intresset för medaljer ökat.

Andra typer av utmärkelser som står nära de burna medaljerna är jetonger och plaketter, som dock inte bärs i kedja eller band.

Kungl Minnestecken och Kungl Medaljer ordensmedaljer och övriga medaljer

Det finns i vårt land ett stort antal medaljer och jämförbara tecken som utdelas som belöning för framstående insatser, för långvarig och väl vitsordad tjänst och som minne av betydelsefull händelse. Även för tapperhet i fält och till sjöss finns sedan 1788–1790 års krig av Gustav III instiftade tapperhetsmedaljer. Medaljerna kan indelas i olika grupper med hänsyn till vem som tilldelar dem, vilken grad av officiell prägel de har eller efter den ordning de skall bäras. I det följande redovisas medaljerna i den ordning de bärs på bröstet från höger räknat (från bäraren sett).

Kungl Jubileums- och Minnestecken

Bland dessa kan nämnas: Konung Gustaf V:s jubileumsminnestecken II (1948), Konung Gustaf V:s jubileumsminnestecken (1928), Konung Gustaf VI Adolfs minnesmedalj (1967), Konung Carl XVI Gustafs jubileumsminnestecken (1996) och minnestecken till åminnelse av Konung Gustaf V (1951). De bäres längst till höger och *före* svenska riddarordenstecken.

Av H M Konungen personligen förlänade medaljer

Serafimermedaljen, som tillkom samtidigt med Serafimerorden år 1748, ställdes i april 1974 till Konungens direkta förfogande. Medaljen, som bär Fredrik I:s bild, tilldelas person som genom humanitär eller allmänt samhällsgagnande gärning gjort sig synnerligen förtjänt. Medaljen utdelas i guld av åttonde storleken och bärs i kedjelänkar på bröstet.

H M Konungens medalj (från 1800-talets förra hälft), som bär Konungens bild, förlänas svenska och utländska medborgare för särskilda förtjänster samt befattningshavare vid hovstaterna för lång och trogen tjänst. Medaljen utdelas numera i följande värdigheter:

Några av de medaljer som förlänas av Konungen.
Överst H M Konungens medalj av guld i tolfte storleken med serafimerband.
I mitten t v Prins Carl-medaljen, t h Prins Eugen-medaljen.
Nederst medaljen Litteris et Artibus (frånsidan).

I guld av tolfte storleken att bäras om halsen i kedja av förgyllt silver (kan även förekomma med briljanterad medaljkrona).

I guld (förgyllt silver) av tolfte storleken att bäras om halsen i Serafimerordens band.

I guld (förgyllt silver) av åttonde storleken att bäras på bröstet i Serafimerordens band eller i högblått band (kan även förekomma i högblått band att bäras om halsen).

I silver av åttonde storleken att bäras på bröstet i högblått band.

Övergångsvis utdelas H M Konungens medalj även i guld (förgyllt silver) av femte storleken att bäras på bröstet i högblått band.

Litteris et Artibus (fastställd år 1853) förlänas för framstående förtjänster inom konst och litteratur. Medaljen utdelas i guld (förgyllt silver) av åttonde storleken och bärs i högblått band på bröstet (i särskilt fall i Serafimerordens band).

Prins Eugen-medaljen (1945) instiftades av Gustaf V i samband med Hertigen av Närke Prins Eugens 80-årsdag. Den förlänas för framstående konstnärlig verksamhet. Medaljen utdelas i guld (förgyllt silver) av åttonde storleken och bärs på bröstet i vitt-gult-vitt band med blå kantränder.

Prins Carl-medaljen (1945) instiftades av Gustaf V vid Hertigen av Västergötland Prins Carls avgång som ordförande i Svenska Röda Korset. Förlänas för särskilt gagnande nationell eller internationell humanitär verksamhet. Medaljen utdelas i guld (förgyllt silver) av åttonde storleken och bärs på bröstet i vitt-gult-vitt band med röda kantränder.

Serafimermedaljen, H M Konungens medalj och medaljen Litteris et Artibus utdelas på Karldagen den 28 januari och på Gustavdagen den 6 juni. Prins Eugen-medaljen utdelas på Eugendagen den 5 november. Prins Carl-medaljen utdelas på instiftelsedagen den 1 december.

Av Konungen förlänade medaljer bärs i här ovan angiven ordning efter Kungl Minnestecken och före riddarordenstecken.

Till riddarordnarna hörande medaljer (ordensmedaljer)

Serafimermedaljen (1748) – se ovan s 39.

Svärdsmedaljen (1850) tilldelades till och med 1974 underbefäl (plutonsofficerare) för långvarig och gagnerik militär tjänst. Medaljen utdelades i silver av åttonde storleken och bärs i Svärdsordens band till vänster på bröstet (se s 24).

Nordstjärnemedaljen (1986) förlänas utländska medborgare enligt samma grunder som sedan 1975 gäller för övriga värdigheter inom Nordstjärneorden. Medaljen präglas i guld (förgyllt silver) av åttonde storleken och är på framsidan försedd med Nordstjärneordens emblem och på åtsidan med Konungens krönta namnchiffer. Medaljen är liksom Svärds- och Vasamedaljerna försedd med kunglig krona och bärs i Nordstjärneordens blå band med gula kanter.

Vasamedaljen (1895) förlänades till och med 1974 för allmänt medborgerliga förtjänster samt för vissa tjänstemannainsatser inom främst försvarsmakten. Medaljen utdelades i guld (förgyllt silver) eller silver av åttonde och femte storlekarna och bärs i Vasaordens band på bröstet.

Svärds- och Vasamedaljerna bärs närmast till vänster om svenska ordnars riddartecken.

Särskilda Kungl medaljer

Efter ordensmedaljerna bärs vissa Kungl medaljer som utdelats i samband med särskild högtid eller jubileum, t ex Konung Gustaf V:s olympiska medalj (1912), Konung Gustaf V:s postkongressjubileumsmedalj (1924) och Minnesmedaljen över kolonien Nya Sverige i Amerika (1938).

Några regeringsmedaljer (frånsidan).
Överst t v Illis quorum, t h För medborgerlig förtjänst.
Nederst För berömliga gärningar.

Av regeringen förlänade medaljer

Illis quorum meruere labores (1785) – åt dem vilkas verksamhet gjort dem därav förtjänta – förlänas för framstående personliga insatser för kulturella, vetenskapliga, välgörande och andra allmännyttiga ändamål. Medaljen utdelas i guld av adertonde, tolfte, åttonde och femte storlekarna. Den förstnämnda bärs i kedja, den av tolfte storleken i band om halsen och övriga i band på bröstet.

För medborgerlig förtjänst (1832) förekommer i guld av adertonde, tolfte, åttonde och femte storlekarna och i silver av åttonde storleken. Den tilldelas främst personer som gjort särskilt stora insatser för samhället eller i det praktiska livet.

För berömliga gärningar (1832) utdelas i guld av åttonde och femte storlekarna och i silver av åttonde. Medaljen kan bl a tilldelas för insatser vid livräddning.

Medaljen med inskriften *Sui memores alios fecere merando* (1805) – åt dem som genom välgärningar befästat sitt minne hos andra – kan tilldelas utländska medborgare i guld av sjätte storleken och motsvarar närmaste medaljen För berömliga gärningar. Medaljerna *För lång och trogen tjänst* (1884) och *För mod och rådighet till sjöss under farofylld tid* (1941) finns även. De fyra senast angivna medaljerna har utdelats mycket sparsamt under senare årtionden.

För nit och redlighet (1803) utdelas i guld av sjätte storleken och tilldelas all statsanställd personal efter i regel 30 års väl vitsordad tjänst. I stället för medalj kan tjänstemannen få ett guldur eller ett konstglas.

Regeringsmedaljerna visar på åtsidan Konungens bild och på frånsidan vederbörlig inskrift. Medaljerna är försedda med kunglig krona. Av medaljerna kan de i adertonde och tolfte storlekarna bäras i kedja eller i band om halsen och övriga i band på bröstet. Bandet är blått med gula kanter. De bärs till vänster om svenska riddarordnar, ordensmedaljer och särskilda medaljer.

Av statliga verk och institutioner utdelade medaljer

För förtjänster om utrikesförvaltningen (1976).
Svenska bergsmäns hedersmärke för snille och flit (1756).
För omsorgsfull renvård (1897).
Kungl Universitetets i Uppsala förtjänstmedalj (1928).

Kungl Akademiers förtjänstmedaljer

Kungl Musikaliska akademiens förtjänstmedalj »För tonkonstens främjande« (1944).
Kungl Vitterhets-, historie- och antikvitetsakademiens Gustaf Adolfsmedalj (1949) *och förtjänstmedalj* (1967).
Kungl Krigsvetenskapsakademiens stora belöningsmedalj (1995).

Halvofficiella medaljer med Konungens bild och kunglig krona

De utdelas med Konungens gillande eller på Konungens uppdrag och förekommer ofta i både guld (förgyllt silver) och silver. Bland de organisationer som har rätt att utdela sådana kungliga medaljer kan nämnas:

Kungl Patriotiska sällskapet
Kungl Sällskapet Pro Patria
Hemvärnet
De frivilliga försvarsorganisationerna (Centralförbundet för befälsutbildning, Riksförbundet Sveriges lottakårer, Svenska Röda korset, Skytteförbundens överstyrelse, Sveriges civilförsvarsförbund m fl).

Här nämnda medaljer bärs till vänster om regeringsmedaljer och övriga

Några halvofficiella medaljer.
Medalj med H M Konungens bild för bl a hemvärnet (överst).
Kungl Sällskapet Pro Patrias medalj (frånsidan) och av flera organisationer använd medalj med H M Konungens bild (mitten).
Skytteöverstyrelsens Bernadottemedalj och Frivilliga radioorganisationens medalj (nederst).

statliga medaljer. För ordningen inbördes mellan dessa medaljer finns två principer, antingen efter den tidpunkt då medaljen instiftades – anciennitetsprincipen – eller efter utdelande organisationers namn i bokstavsordning. I denna skrift följs anciennitetsprincipen.

Åtskilliga organisationer har rätt att utdela medaljer med Konungens bild på åtsidan. De särskiljs genom att organisationens märke eller emblem finns på frånsidan samt att varje organisation har sin särskilda bandfärg. Medaljens storlek och form (rund, oval) varierar även.

Medaljer och andra utmärkelsetecken som ej har Konungens bild och kunglig krona

Sådana medaljer, heders- och förtjänsttecken utdelas av ett flertal allmänna och enskilda organisationer, institutioner och korporationer av både rikskaraktär och mer lokalt betonade. Som exempel kan nämnas:

kommunala förtjänstmedaljer, t ex Stockholms kommuns S:t Eriksmedalj och Göteborgs stads förtjänsttecken;
befälsutbildnings-, idrotts- och skytteförbunds förtjänstmedaljer (-tecken);
liv- och brandförsäkringsbolags förtjänstmedaljer;
hushållningssällskapens medaljer.

Vid sidan av dessa medaljer och tecken, som i regel tilldelas för förtjänstfull verksamhet, finns en stor mängd andra utmärkelsetecken för visade färdigheter i t ex idrott och skytte eller för särskild yrkesskicklighet i t ex bilkörning, livräddning och brandförsvar.

Som allmän regel gäller att »halvofficiella« medaljer företrädesvis bärs under förhållanden som har samband med den verksamhet för vilken medaljen erhållits. Medalj med Konungens bild bärs före annan medalj. För ordningen inbördes tillämpas samma principer som för föregående medaljkategorier. En medalj i guld går före en i silver som i sin tur går före en i brons.

Bärande av ordnar och medaljer

FÖRESKRIFTERNA för bärande av ordnar och medaljer har förändrats avsevärt under tidernas lopp. Medlemmarna av medeltidens andliga riddarordnar bar ständigt sin tilldelade dekoration, i form av ett ordenskors av tyg fastsatt på både livplagget och manteln. De världsliga statsordnarna bars på samma sätt från 1500-talet och hela 1700-talet. Sedan senare hälften av 1800-talet har ordnar i regel endast burits till civil och militär högtidsdräkt. Till övriga militära och civila uniformsdräkter har man markerat innehavet av dekorationer genom att bära dekorationens band på ett smalt spänne. I många länder som deltagit i krig finns dock regeln att krigsdekorationer bärs även till annan klädsel än högtidsdräkt.

I Storbritannien är föreskrivet att ett begränsat antal ordnar och/eller medaljer som miniatyrer får bäras till smoking. I många stater gäller att icke blott krigsdekorationer utan också andra ordnar och medaljer får bäras även till civil kavaj. Motiveringen härför är ofta att kavajen är att anse som ett civilt högtidsplagg.

I Sverige får Konungens medaljer som miniatyrer bäras till smoking och även till civil kavaj vid högtidliga tillfällen. Det förekommer även att dekorationer i original bärs till civil dräkt. Detta tillämpas vid sammankomster, jubileer och liknande, då det är angeläget att erinra om t ex krigsdeltagande eller en FN-operation. Även vid militära kamratföreningars möten bärs ofta dekorationer till kavaj.

Bruket att bära folkdräkt vid officiella fester och högtidliga familjesammankomster har på senare tid blivit allt vanligare i vårt land. Folkdräkten har härigenom kommit att bli jämställd med fracken såsom högtidsdräkt. Ordenstecken kan därför bäras till folkdräkt enligt samma grunder som gäller för annan högtidsdräkt.

För damer gäller samma regler som för herrar. Ordnar och medaljer kan bäras till civil och militär högtidsdräkt samt till folkdräkt, då sådan bärs såsom högtidsdräkt.

Civil högtidsdräkt, herrar och damer

Herrar bär ett riddarordenstecken eller medalj hängande i ordens (medaljens) dubbelvikta band på bröstets vänstra sida. Bandet monteras på ett spänne eller nål och bör ha en längd av högst 4,5 cm. Bandets övre raka del fäster man i höjd med bröstfickans övre del och intill vänstra frackslaget. Tre, högst fyra, riddartecken och medaljer bör monteras på samma spänne. Om fler än fyra riddartecken (medaljer) skall bäras samtidigt rekommenderas att de ersätts av miniatyrordenstecken, som bärs på ett band fäst i knapphålet på vänstra rockslaget eller i en tunn guldkedja. Även innehav av färre än fyra ordenstecken (medaljer) kan markeras med miniatyrer. Det är endast i samband med officiella statsceremonier, som det är brukligt att bära originalordnar. Utöver metoden att hänga ordenstecknet i ett rakt band kan det fästas (monteras) på andra sätt, t ex i ett band som viks till trekantig form (Danmark) eller liggande på bandet som är dubbelvikt med nedre bandkanten veckad (Tyskland). I fråga om den inbördes ordningen mellan ordnar och medaljer hänvisas till bilaga 1.

Damer bär ledamotstecken och medaljer på vänster sida på eller omedelbart under klänningens axelband. Dekorationen hänger i en rosett som fästs med nål. Två, högst tre tecken och medaljer bärs samtidigt. Om flera skall bäras förordas miniatyrer.

Herrar bär större ordenstecken eller större medalj hängande i bandet om halsen. Bandet anbringas så att orden (medaljen) hänger omedelbart under halsduksrosetten. Ordensbandet läggs över halsdukens band och fästs i nacken så att ingen del av bandet eller dess fästanordningar syns ovanför rockkragen. Kommendörer i andliga ståndet bär dock ordenstecken i ett längre band.

Ett till tre stora ordenstecken (medaljer) kan lämpligen bäras samtidigt, varvid de placeras bredvid – ej under – varandra med det finaste i mitten, det andra i rang till höger från bäraren sett och det tredje till vänster. Att fästa flera ordensband på varandra i nacken kan innebära problem. Man bör därför montera bandet så att endast ett av dem går runt halsen och de två andra banden förkortas och fästs på det längsta. Om innehav av ytterligare

stora ordenstecken behöver anges sker detta lämpligen genom att man i stället för dessa använder miniatyrer.

Stora ordenstecken för damer bärs i stor rosett som i likhet med ledamotstecken fästs vid vänstra axeln. På grund av de stora tecknens storlek bör inte fler än två bäras samtidigt.

Kommendör av första klassen, inom vissa ordnar benämnd storofficer, bär det stora ordenstecknet om halsen och kommendörskraschanen på bröstets vänstra sida under riddarkors och medaljer och nära bröstfickans nedre del. Kraschanens trubbiga spännesnål fästs i på rocken påsydda tränsar. Högst fyra kraschaner bör bäras samtidigt på frackens vänstra sida. Om man har två placeras den av högre grad ovanför den andra. Om tre bärs placeras den högsta överst och två på en undre rad. Fyra kraschaner placeras två och två. Ordningsföljden räknas uppifrån höger, från bäraren sett.

För några ordnar gäller att kraschanen bärs på höger sida.

Damer bär i regel högst två kraschaner, som därvid placeras ovanför eller bredvid varandra i eller ovanför midjan.

Kommendörer av stora korset bär det stora ordenstecknet i band över högra axeln under frackrocken men över västen. Bandet fästs nära axelns yttre del, så att det sitter stadigt och inte glider upp mot halsen. Bandets längd anpassas så att ordenstecknet vilar på höften. Kraschanen bärs och fästs på samma sätt som kommendörskraschan. Flera kraschaner kan bäras samtidigt, men aldrig mer än ett storkorsband. Då storkorsband bärs skall även till orden hörande kraschan bäras.

Dam bär storkorsbandet fäst i höger axelband, som om möjligt bör vara något bredare än ordensbandet. Kraschanen fästs på samma sätt som kommendörskraschan. Det kan ibland vara lämpligt att kraschanen till storkorset anbringas på bandet och fästs i eller ovanför midjan.

För några utländska ordnar gäller att ordensbandet skall ligga över vänster axel mot höger höft.

Till ordnarna hörande kedja med ordenstecken bärs över axlarna och skall hänga ned lika mycket över bröstet och ryggen. Den bärs då så särskilt anbefalls. Kedja används inte tillsammans med svenska storkorsband. Ledamöter av andliga ståndet bär inte ordenskedja.

Vid särskilda tillfällen kan det vara lämpligt att begränsa bärandet av ordnar och medaljer. Man kan till exempel då på bjudningskortet ange »utan band«. Detta innebär att kommendörer med stora korset och kommendörer av första klass (storofficerare) endast bär kraschan.

Såsom nämnts är det ofta fördelaktigt att i stället för originalordnar använda miniatyrer av sina ordnar. Detta gäller såväl damer som herrar då mer än två tre ordnar och medaljer skall bäras samtidigt. En miniatyr markerar inte bara ett riddartecken utan även andra grader av en orden. På bandet fästs då ofta en knapp – en miniatyrbouton – med erforderliga vingar i guld och/eller silver. Om boutoners utseende se s 55.

Miniatyrerna i miniatyrordensband ordnas på samma sätt som originalordnarna, och det spänne på vilket miniatyrerna är monterade fästs i knapphålet på vänstra frackslaget. Man kan också fästa miniatyrerna – utan band – i en guldkedja från vänstra frackslagets knapphål snett nedåt inåt i en båge mot frackslagets högra (inre) del. Ordningsföljden mellan miniatyrerna blir då motsatt mot den som används på ett spänne.

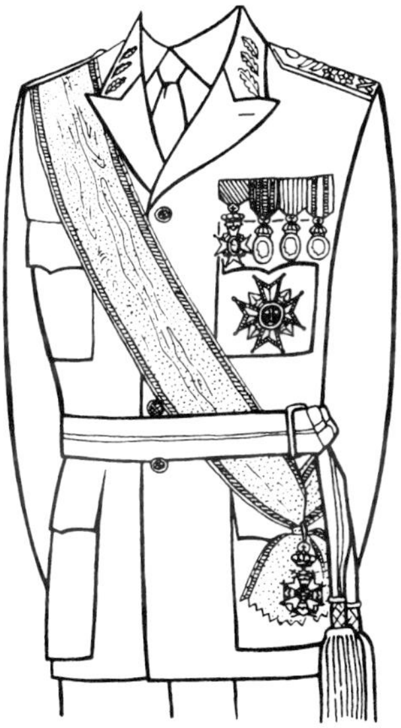

Militär och civil stor uniform

Förekommande militära och civila stora uniformer kan i princip indelas i tre slag; enkelknäppt rock med hög knäppt krage (t ex utrikesförvaltningen, och vissa hovuniformer), fracktyp med hög eller nedvikt krage, till vilken bärs skjorta med hög stärkt krage (t ex stor hovuniform och ambassadörsuniform respektive försvarsmaktens mässdräkter) samt enkelknäppt rock av kavajtyp med nedvikt krage och öppen i halsen till vilken bärs skjorta med dubbelvikt krage och slips (t ex försvarsmakten, polisen m fl statliga organisationer).

Små ordenstecken och medaljer bärs till alla uniformer högre upp på vänster sida än till civil frack. Om knapprad finns fäster man ordensbandets övre kant på en vågrät linje mellan översta och andra knappen och nära knappraden. Till högtidsdräkt av fracktyp med nedvikt krage – försvarsmaktens mässdräkter – bärs i regel miniatyrer i knapphål på rockslaget. Till högtidsdräkt av kavajtyp fästs ordensteckens- och medaljbandens övre kant 5-6 cm ovanför bröstfickan intill vänstra kavajslaget.

Kraschaner bärs på samma sätt som till civil frack. Storkorsband anläggs däremot utanpå rocken (kavajen), varvid bandet dock läggs under axelklaff och paradskärp. Undantag från denna regel är mässdräkterna, där man bär storkorsbandet under rocken men över västen, liksom till civil frack.

Kedja till storkors anläggs på samma sätt som till civil högtidsdräkt. Storkorskedja bärs dock inte till mässdräkt.

Annan civil och militär klädsel

Såsom tidigare angetts bärs ordnar och medaljer endast i undantagsfall till annan civil och militär klädsel än högtidsdräkter.

Innehavet av ordnar och medaljer anges för uniformerad person genom att banden till dekorationerna bärs på ett spänne. I varje rad kan 3-4 band av normalstorlek monteras och vid behov ytterligare rader under den översta. I syfte att begränsa omfattningen av ordensbandens storlek används ofta halvstorlekar (15 mm) av dessa, vilket medger plats för omkring åtta dekorationer i ett band. I särskilda fall kan kraschaner anläggas tillsammans med ordensband i spänne.

Till kavaj, jackett och smoking, kan en ordensknapp (bouton) ange ordensinnehav. Så sker även då civil högtidsdräkt utan ordnar är påbjudet. Knappen kan ange högst fyra ordnar genom att vara sammansatt av skilda färger. En bouton kan också visa vilken grad av en viss orden bäraren innehar. Om boutonen är försedd med två underliggande silvervingar betyder det innehav av kommendörsgraden av en orden, en silver och en guld markerar kommendör av första klass. Storkorskommendören har två gyllene vingar på sin ordensknapp. En knapp utan vingar markerar riddargraden. I stället för vingar kan ordensgraden anges med en liten miniatyr av kraschanen i mitten av knappen.

Ytterligare en metod att visa innehav av en orden är den som gäller för bl a franska ordnar. En riddare av Hederslegionen bär således en grov tråd i ordens röda färg trädd genom knapphålet på kavajslaget och runt dess kant. En blå tråd markerar riddartecken av Franska förtjänstorden. En riddare av Nordstjärneorden kan på samma sätt markera sitt ordensinnehav med ett »clips« i ordens färger.

Medaljinnehav kan lämpligen anges genom en smal rosett i bandfärgen.

Bouton, clips och rosett brukar bäras till annan civil dräkt än högtidsdräkt vid kongresser, banketter eller i andra högtidliga sammanhang i utlandet eller i Sverige, då man önskar hedra närvarande utlänningar.

Bestämmelser om klädsel för försvarsmaktens personal och för denna personals bärande av ordnar, medaljer och andra utmärkelsetecken återfinns i föreskrifter fastställda av överbefälhavaren.

För personal vid hovstaterna gäller i nämnda hänseenden »Tjänsten vid hovstaterna (Hovstadga)« fastställd av Konungen.

Särskilda anvisningar

Ordnar, miniatyrer och ordensband för svenska dekorationer placeras till höger om internationella och utländska.

Utländska och internationella ordenstecken, medaljer och hederstecken placeras inbördes med de internationella till höger om (över) utländska nationers. Dessa ordnas lämpligen i bokstavsordning enligt nationernas namn på franska. Dekorationer från de nordiska länderna bärs dock i regel före dem från övriga länder. Ordensband på spänne ordnas i samma ordning som originaltecknen.

I särskilda fall, som vid utländsk statschefs officiella besök, bör detta lands dekorationer placeras före de svenska. På motsvarande sätt bär svenskar som deltar i officiellt besök i utlandet företrädesvis det besökta landets dekorationer.

Hovkalenderns rekommendationer om bordsplacering av ordens- och medaljinnehavare

I HOVKALENDERN, som utkommer årligen, ingår ett avsnitt med rubriken Placeringslista. Denna tjänar till ledning vid bordsplaceringar vid Kungl Maj:ts hov. Listans principer tillämpas dock även i åtskilliga andra officiella och icke officiella sammanhang.

I fråga om placering av innehavare av svenska ordnar och medaljer anger kalendern följande principer.

Persongrupp 3, som följer omedelbart efter regeringens ledamöter omfattar serafimerriddare samt innehavare av Konungens medalj av tolfte storleken i kedja och innehavarna av regeringens medalj Illis quorum me-ruere labores av adertonde storleken i kedja. Innehavarna av dessa båda medaljer har således rang i likhet med svenska serafimerriddare.

I grupp 4 ingår medlemmarna av Kungl Familjen, som icke tillhör Kungl Huset, vidare förutvarande statsministrar, Presidenter i Svea hovrätt, Regeringsrättens ordförande, Överbefälhavaren, Ärkebiskopen samt partiordförandena m fl.

Gruppen följer efter persongrupp 3 och bär dekorationer enligt föregående avsnitt »Bärande av ordnar och medaljer«.

I grupp 5 – justitieråd, generallöjtnanter m fl – ingår kommendörer med stora korset av Svärds- och Nordstjärneordnarna.

I grupp 6 som upptar biskopar, landshövdingar och generalmajorer m fl, återfinns kommendörer av första klass av Svärds-, Nordstjärne- och Vasaordnarna. Närmast efter grupp 6 följer innehavare av Konungens medalj av tolfte storleken i serafimerband.

I grupp 7, som omfattar hovrätts- och kammarrättslagmän, riksdagsmän m fl, ingår även kommendörer av första klassen av de Kungl Riddarordnarna.

I övrigt medföljer innehav av svenska orden eller medalj inte någon särskild placering. Praxis torde emellertid vara att kommendörer av svensk riddarorden placeras i samma grupp som departementsråd, överstar m fl.

Handläggning av ordens- och medaljärenden

GRUNDERNA för handläggning av svenska ordensärenden framgår av Kungl Maj:ts ordenskungörelse (SFS 1995:1025) och av Kungl Maj:ts Orden fastställda stadgar för Kungl Serafimer- och Nordstjärneordnarna (bilagorna 3 och 4).

Konungen beslutar på förslag av regeringen om förlänande av svenska ordnar till utländska medborgare. Besluten fattas i extra ordenskapitel efter föredragning av ordenskanslern.

Förslag om att tilldela en utländsk medborgare en svensk dekoration kan väckas av envar svensk. Förslaget bör omfatta en beskrivning av den person som föreslås, med särskild tonvikt på vad han eller hon uträttat för vårt land. Vidare bör anges vilka ordensutmärkelser vederbörande redan innehar. Förslaget inges till det statsdepartement som har ansvaret för det verksamhetsområde till vilket den föreslagnes gärning är knuten eller till utrikesdepartementets protokoll eller till svensk beskickning eller generalkonsulat. Efter fackdepartementets granskning går ärendet till utrikesdepartementet, som remitterar förslaget till vederbörlig ambassadör för hans uttalande.

Sedan berörda instanser granskat och tillstyrkt förslaget gör man inom utrikesdepartementets protokoll upp en förslagslista (ett dekret) där det anges vem som är föreslagen, motiven härför och till vilket departements ansvarsområde han eller hon hör.

Årligen upprättas sex till åtta sådana dekret som föredras av protokollchefen i utrikesdepartementet inför ordenskanslern. Ordenskanslern är därefter föredragande inför Konungen.

Utrikesdepartementet beställer det erforderliga antalet dekorationer med band och boutoner i askar hos hovjuvelerare C F Carlman.

På grundval av Konungens beslut skriver Ordenskansliet vid Kungl Maj:ts Orden ut ordensbreven, vilka förses med Serafimerordens sigill och undertecknas förutom av Konungen av ordenskanslern och ordenssekreteraren. Ordenskansliet upprättar även i samarbete med utrikesdepartementet ett protokoll från varje extra ordenskapitel och för in de utnämndas namn i liggare och på kort (data).

I vissa fall överlämnar Konungen personligen utmärkelserna till de utnämnda, t ex till statschefer som officiellt gästar Sverige eller som Kungaparet besöker samt till avgående utländska ambassadörer. Övriga dekorationer och ordensbrev tillställs vederbörlig svensk ambassad med uppdrag åt ambassadören att ombesörja utdelandet och infordra mottagningsbevis enligt särskilda formulär.

Uppgifter om svenska medborgares innehav av svenska och utländska ordnar och vissa medaljer infördes i Statskalendern till och med år 1956. 1957–969 års upplagor av Statskalendern uppgav endast innehav av svenska ordnar och vissa medaljer. Från år 1970 upphörde Statskalendern att meddela sådana upplysningar. Åren 1958/59, 1963 och 1969, utgav sekreterarämbetet vid Kungl Maj:ts Orden en Ordenskalender, där uppgifter gavs om innehav av inhemska och utländska ordnar och vissa medaljer. Den senaste Ordenskalendern utkom 1975. I denna redovisas dock endast innehav av svenska ordnar och vissa medaljer men inte utländska dekorationer.

I svenska krigsmaktens/försvarsmaktens rulla fanns till och med 1969 uppgifter om innehav av såväl svenska som utländska ordnar och medaljer. År 1970 upphörde detta.

Förslag om tilldelning av någon av de medaljer Konungen utdelar kan väckas av envar svensk. Förslaget bör inges skriftligen till riksmarskalken. Denne biträds vid beredningen av medaljärenden av tre betrodda personer som har anknytning till skilda delar av det svenska samhället.

Förteckningar över innehavare av Konungens medalj och övriga av Konungen utdelade medaljer finns i riksmarskalksämbetet. Uppgift om dessa medaljinnehavare har under senare år införts i Hovkalendern med viss periodicitet. Från och med 1986 införs i Hovkalendern en förteckning över innehavare av Konungens medalj i tolfte storleken i Serafimerordens band.

Förslag om att viss person bör belönas med regeringsmedalj, främst Illis quorum och För medborgerlig förtjänst, kan inges till statsrådsberedningen eller statsdepartement. Förslag kan också lämnas till länsstyrelse som vidarebefordrar det. Förslagsställaren bör i sin framställning särskilt framhålla de förtjänster som den föreslagne har utöver vad denne utfört i sin normala tjänst. Vidare bör hans eller hennes samhällsinsatser särskilt betonas.

Förteckningar över innehavare av regeringsmedaljer förs inom den juridiska enheten i statsrådsberedningen. Medaljärendena bereds i såväl statsrådsberedningen som departementen. Under handläggningen sker samråd med riksmarskalksämbetet.

Det övervägande antalet »inofficiella« medaljer utdelas av vederbörande organisation efter beredning inom någon form av medaljutskott. Organisationerna har regelmässigt föreskrifter i sina stadgar om hur handläggningen av medaljärenden skall tillgå. Ett par institutioner – Kungl Patriotiska Sällskapet och Kungl Sällskapet Pro Patria – utdelar medaljer enligt särskilda grunder. Det finns möjlighet för envar enskild eller organisation att vända sig till sällskapens styrelser och föreslå att medalj utdelas till någon person. Motiveringen bör självfallet innehålla en noggrann beskrivning av vederbörandes insatser.

Svenska ordenstecken av alla grader skall återställas då innehavaren fått en högre grad av orden eller vid innehavarens frånfälle. Återlämnandet kan i utlandet göras till svensk beskickning och i Sverige till Ordenskansliet, Kungl Slottet i Stockholm. Så länge svenska medborgare förlänades svenska dekorationer uttogs en särskild expeditionsavgift för varje dekoration. Enligt gällande föreskrifter återbetalas inte denna avgift då ordensinsignierna återlämnas. Om dödsbo så önskar har detta emellertid numera rättighet att inlösa ordensvärdigheter inom Svärds- och Vasaordnarna. Kungl Jubileums- och Minnestecken, Kungl Medaljer, svärdstecknet, ordensmedaljer och övriga officiella statliga medaljer behöver inte återlämnas.

Förlust av svenskt ordenstecken bör anmälas till polismyndighet och vederbörligt försäkringsbolag. Ordenskansliet kan ge uppgift om kostnaderna för framställning av ett nytt ordenstecken.

Bilagor

Översikt över de svenska ordnarna, viktigare svenska medaljer och andra utmärkelsetecken

1. *Officiella utmärkelser*

Utmärkelse med * anger att den utdelats endast vid särskilt tillfälle eller att den på grund av förändrade föreskrifter ej längre utdelas.

GRUPP	UTMÄRKELSE	ANM
A Kungl Serafimerorden	Kungl Serafimerorden (1748); förkortning för svenskar RoK (LoK) av KMO för utlänningar R(L) SerafO	Förlänades svenska och utländska medborgare t o m 1974, därefter endast till medlemmar av svenska konungahuset samt utländska statschefer och likställda; ordenstecknet bärs i ljusblått band över höger axel eller i kedja över axlarna; för utlänningar utgör kedjan en särskild utmärkelse; ordenskraschanen bärs på bröstets vänstra sida.
B Krigsdekorationer	*Riddarvärdigheter med Kungl Svärdsordens stora kors* (1788) a) Riddare med stora korset av första klassen (RmstkSO1kl) b) Riddare med stora korset (1952) (RmstkSO)	Halskors i Svärdsordens band med bröstdekoration, ett upprättstående svärd för riddare av första klassen och två korslagda uppåtriktade svärd för riddare.

GRUPP	UTMÄRKELSE	ANM
B	*Kungl Svärdsordens krigskors* (1952)	Bärs på bröstet i Svärdsordens band.
	a) 1:a klassen	Guld (förgyllt silver).
	b) 2:a klassen	Silver.
	c) 3:e klassen	Brons.
C Kungl Minnestecken (förlänade av Konungen i hovprotokoll)	**Konung Gustaf V:s jubileumsminnestecken* med anledning av 90-årsdagen (1948) – (GV:sJmtII)	Bärs på bröstet i Serafimerordens band.
	**Konung Gustaf V:s jubileumstecken* med anledning av 70-årsdagen (1928) – (GV:sJmt)	Bärs på bröstet i Serafimerordens band.
	**Konung Gustaf VI Adolfs minnesmedalj* med anledning av 85-årsdagen (1967) – (GVIA:sMM)	Bärs på bröstet i Serafimerordens band.
	Konung Carl XVI Gustafs jubileumsminnestecken med anledning av 50-årsdagen (1996) – (CXVIG:sJmt)	Bärs på bröstet i Serafimerordens band.
	**Minnestecken med anledning av Konung Gustaf V:s frånfälle* (1951) – (GV:sMt)	Bärs på bröstet i svart band med ett silverspänne.
D I hovprotokollet förlänade Kungl Medaljer (ordningsföljd enligt beslut 1978; bärs före de svenska riddarordnarna)	*Serafimermedaljen* (1748; före 1975 ordensmedalj) (SerafGM)	Bärs på bröstet i kedjelänkar av guld.
	H M Konungens medalj (reorg 1876, men äldre; ånyo reorg 1975 och 1981)	Benämndes tidigare Hovmedaljen.
	a) i guld av 12:e storleken i kedja av guld (förgyllt silver) och briljanter – (Kon:sGM12mkedjaobr)	Bärs om halsen; medaljkronan briljanterad.
	b) i guld av 12:e storleken i kedja av guld (förgyllt silver) – (Kon:sGM12mkedja)	Bärs om halsen; innehavare placeras i gruppen närmast efter serafimerriddare.
	c) i guld (förgyllt silver av 12:e storleken i Serafimerordens band – (Kon:sGM12mserafb)	D:o; innehavare placeras närmast efter generalmajorsgruppen.

GRUPP	UTMÄRKELSE	ANM
D	d) i guld (förgyllt silver) av 8:e storleken i Serafimerordens band – (Kon:sGM8mserafb)	Bärs på bröstet.
	*e) i guld av 8:e storleken i halsband – (Kon:sGM8mhb)	Bärs om halsen i högblått band; upphörde 1981.
	f) i guld (förgyllt silver) av 8:e storleken – (Kon:sGM8)	Bärs på bröstet i högblått band.
	g) i guld av 5:e storleken – (Kon:sGM5)	D:o; upphörde 1981, men övergångsvis utdelad därefter.
	h) i silver av 8:e storleken – (Kon:sSM8)	Bärs på bröstet i högblått band.
	Litteris et artibus (1853) – (LetA)	I särskilt fall av guld annars i förgyllt silver av 8:e storleken; bärs på bröstet i högblått band, i särskilt fall i Serafimerordens band.
	Prins Eugen-medaljen (1945) – (EugGM)	D:o (oval); d:o i vitt-gult-vitt band med blå kanter.
	Prins Carl-medaljen (1946 – reorg 1975) – (CarlGM)	D:o (oval); d:o i vitt-gult-vitt band med röda kanter.
E De Kungl Riddarordnarna	*Kungl Serafimerorden*	Se ovan A.
	Kungl Svärdsorden (1748)	Förlänas inte efter år 1974; bärs i gult band med en blå rand på vardera sidan.
	a) Kommendörer med stora korset (1772) – (KmstkSO)	Stora ordenstecknet bärs i blågult band över höger axel eller i kedja över axlarna samt storkorskraschanen på bröstets vänstra sida.

GRUPP	UTMÄRKELSE	ANM
E	b) Kommendör av första klassen – (KSO1kl)	Stort ordenstecken i halsband och kommendörskraschan.
	c) Kommendör (1873) – (KSO) (1873-1952: KSO2kl)	Stort ordenstecken i halsband.
	d) Riddare/Ledamot av första klassen – (RSO)	Litet ordenstecken i band på bröstet.
	e) Riddare/Ledamot (1889) – (RSO2kl)	D:o; endast utländska officerare.
	f) Svärdstecknet (1850) – Innehavare kallas svärdsman (Svm)	Svärdstecknet avsett för under- och kompaniofficerare; bärs i band på bröstet.
	g) Svärdsmedaljen (1850) – (SvM)	I silver av 8:e storleken; avsedd för underbefäl och plutonofficerare: bärs i band på bröstet.
	Kungl Nordstjärneorden (1748 – reorg 1974)	Endast för medlemmar av svenska konungahuset samt utlänningar; bärs i mellanblått band med gula kanter. Före 1975 i svart band.
	a) Kommendör med stora korset (1844) – (KmstkNO)	Såsom KmstkSO.
	b) Kommendör av första klassen – (KNO1kl)	Såsom KSO1kl.
	c) Kommendör (1873) – (KNO) (1873-1952: KNO2kl)	Såsom KSO.
	d) Riddare/ledamot av första klassen – (RNO/LNO1kl)	Såsom RSO; t o m 1974 benämnd »riddare/ledamot« (RNO/LNO).
	e) Riddare/ledamot (1974) – (RNO/LNO)	Nyinstiftad från 1975 och att jämföra med RSO2kl.

GRUPP	UTMÄRKELSE	ANM
E	f) Nordstjärnemedaljen (1986) – (NOGM)	I guld (förgyllt silver) av 8:e storleken; endast till utländska medborgare; bärs efter Vasatecknet men före Vasamedaljen; bandet är mellanblått med gula kanter.
	Kungl Vasaorden (1772 – nuv form fastställdes 1860)	Upphörde att förlänas år 1974; grönt band.
	a) Kommendör med stora korset – (KmstkVO)	Medförde generallöjtnants rang.
	b) Kommendör av första klassen – (KVO1kl)	Såsom KSO1kl.
	c) Kommendör (1873) – (KVO) (1873-1952: KVO2kl)	Såsom KSO.
	d) Riddare/ledamot av första klassen – (RVO/LVO)	Såsom RSO.
	e) Riddare/ledamot (1889) – (RVO/LVO2kl)	Såsom RSO2kl; endast utländska medborgare utnämndes till denna grad.
	f) Vasatecknet (1895)	Avsedd endast för utländska medborgare.
	g) Vasamedaljen (1895) i guld av 8:e storleken – (VGM8)	Vasamedaljerna bärs i band på bröstet.
	h) Vasamedaljen i guld av 5:e storleken – (VGM5)	
	i) Vasamedaljen i silver av 8:e storleken – (VSM8)	
	j) Vasamedaljen i silver av 5:e storleken – (VSM5)	
	Carl XIII:s orden (1811) – (RCXIII:sO)	Hals- och bröstkors; endast 30 svenska riddare (därav 3 av andliga ståndet) samt högst 7 utländska; bärs i rött band.

GRUPP	UTMÄRKELSE	ANM
F Ordensmedaljer	Serafimermedaljen	Se ovan D.
	Svärdsmedaljen	Se ovan E.
	Nordstjärnemedaljen	Se ovan E.
	Vasamedaljen	Se ovan E.
G Av regeringen utdelade Kungl medaljer (t o m 1974 förlänade av Kungl Maj:t i statsrådet). Dessa medaljer bärs i högblått band med gula kanter.	*Illis quorum meruere labores* (1785)	
	a) i guld av 18:e storleken i kedja – (GMiq18 m kedja)	Bärs om halsen; innehavare placeras (sedan 1980) i samma grupp som innehavare av Kon:sGM12mkedja.
	b) i guld av 12:e storleken – (GMiq12)	Bärs i band om halsen.
	c) i guld av 8:e storleken – (GMiq8)	Bärs i band på bröstet.
	d) i guld av 5:e storleken – (GMiq5)	D:o.
	För berömliga gärningar (1832)	
	a) i guld av 5:e storleken – (GMbg)	Någon enstaka gång även i 8:e storleken.
	b) i silver av 8:e storleken – (SMbg)	
	Sui memores alios fecere merendo (1805)	Motsvarar För berömliga gärningar och tilldelas utlänningar.
	För mod och rådighet till sjöss under farofylld tid (1941). I guld av 5:e storleken (ankare på bandet) – (GMmors)	Endast utdelad 1941-45 till 16 personer.

GRUPP	UTMÄRKELSE	ANM
G	*För medborgerlig förtjänst* (1832) – (GMmf) a) – d) såsom GMiq e) i silver av 8:e storleken – (SMmf8)	
	Utmärkelsen för nit och redlighet i rikets tjänst – (1803, 1947, 1981)	I guld av 6:e storleken – (GMnor); bärs på bröstet.
H I hovprotokoll förlänade medaljer (av engångskaraktär)	**Konung Gustaf V:s olympiska medalj* (1912) – (GV:sOlM)	I silver av 8:e storleken; bärs på bröstet i ljusblått band med fyra gula ränder.
	**Konung Gustaf V:s postkongressjubileumsmedalj* (1924) – (GV:sPostjubM)	I silver av 6:e storleken; bärs på bröstet i orangegult band.
	**Minnesmedaljen över kolonien Nya Sverige i Amerika* (1938) – »Nya Sverigemedaljen« (NyaSvM)	I silver av 8:e storleken; bärs på bröstet i mellanblått band med gul-blå-gula kantränder.
	**Minnesmedalj över de svenska pionjärerna i USA* (1948) – »Pionjärjubileet« – (PiMM)	I silver av 8:e storleken; bärs på bröstet i gult band med breda blå kanter.
	**H M Konungens medalj med anledning av Amerikas Förenta Staters 200-års jubileum* 1976 – (Kon:sGM/SMUsa)	I guld och silver av 8:e storleken, endast till utländska medborgare; bärs på bröstet i högblått band.
I Övriga officiella medaljer	*För förtjänster om utrikesförvaltningen* (1976). I guld av 6:e storleken – (GMutr)	Utdelas av utrikesministern i »departmentsprotokoll«; bärs på bröstet i högblått band med gula kanter.

GRUPP	UTMÄRKELSE	ANM
I	*Svensk bergsmans hedersmärke för snille och flit* (1756) – (SvBmHm). I silver (undantagsvis guld) av 9:e storleken (har icke Konungens bild och kungl krona)	Utdelas av Statens industriverk (tidigare av Kungl Kommerskollegium). Bärs i en kort dubbelkedja av silver i vänster knapphål.
	För omsorgsfull renvård (1897, 1981) a) i guld av 5:e storleken – (GMrenv) b) i silver av 8:e storleken – (SMrenv)	Finns med både nord- och sydsamisk inskrift.
	Kungl Krigsvetenskapsakademiens stora belöningsmedalj (1827, 1995). I guld och silver av 15:e storleken (Konung Carl XIV Johans bild och kungl krona) – (KrVAGM/SM)	Bärs om halsen i gult band med en ljusblå rand på vardera sidan.
	Kungl Krigsvetenskapsakademiens belöningsmedalj (1829, 1995). I guld och silver av 8:e storleken (Konung Carl XIV Johans bild och kunglig krona) – (KrVAgm/sm)	Bärs på bröstet i gult band med en ljusblå rand på vardera sidan fäst på en smal stång.
	Kungl Universitetets i Uppsala förtjänstmedalj (1928) – (UUGM). I guld av 8:e storleken (Konung Gustav II Adolfs bild och kungl krona)	Utdelas av universitetskanslersämbetet Bärs på bröstet i gult och blått band.
	Kungl Musikaliska akademiens förtjänstmedalj »För tonkonstens främjande« (1944) – (MusAGM). I guld (förgylld brons) av 9:e storleken	Oval med kungl krona men saknar Konungens bild; bärs på bröstet i svart band med blå kanter.

GRUPP	UTMÄRKELSE	ANM
I	*Kungl Vitterhets-, historie- och antikvitetsakademiens Gustaf Adolfmedalj* (1949, 1985) – (HA:sGAM). I vitemaljerat förgyllt silver av 8:e storleken (Konung Gustav II Adolfs bild)	Åttkantig med kungl krona; bärs på bröstet i svart band med stickade gula kanter.
	D:o förtjänstmedalj (1967, 1985) – I guld och silver av 8:e storleken (Konungens bild och kungl krona) – (HA:sGM/SM)	Bärs på bröstet i samma band som ovanstående. Silvermedaljen instiftad 1985.
	Standardiseringskommissionens i Sverige förtjänstmedalj (1947) – (SISGM). I guld av 8:e storleken (med Konungens bild och kungl krona)	Bärs på bröstet i svart band med ytterränder i mörkgrön färg.

2. *Halvofficiella utmärkelser*

Ordnade i anciennitet (tidpunkt för nådigt tillstånd) med företräde för utmärkelser med Konungs eller Drottnings bild och kungl krona.

GRUPP	UTMÄRKELSE	ANM
J Halvofficiell orden	Johanniterorden i Sverige (1920, 1951) a) Rättsriddare – krönt halskors samt bröstkors – (R-RJohO) b) Riddare – (okrönt) halskors med bröstkors – (RJohO)	Konungen är ordens höge beskyddare och Drottningen är hedersledamot. Go 1162/1934: svensk officer har rättighet att bära ordens insignier till uniform utan ansökan; bärs i svart band med smala vita kanter.
K Ett antal halvofficiella medaljer (flertalet med Konungens bild och kungl krona)	*Kungl Patriotiska sällskapets belöningsmedalj* (1802, 1911, 1982) a) I guld eller silver av »1:a« (=11:e) storleken – bärs i band om halsen eller, av dam, i bandrosett invid axeln – (PatrSstGM/SM) b) D:o av »2:a« (=9:e) storleken – bärs i band på bröstet – (PatrSGM/SM2) c) D:o av »3:e« (=8:e) storleken – d:o – (PatrSGM/SM3)	Bekräftades genom Kungl Maj:ts tillstånd 19/12 1802 att utdela medaljer i gult och grönt band.Dessa medaljer utdelas med olika inskrifter bl a: »För långvarig gagnande verksamhet«, »För långvarig uppskattad arbetsinsats« (dessa båda i samtliga angivna storlekar). Om Emmerymedaljen, se under L.
	Kungl Sällskapet Pro Patrias belöningsmedaljer (1803, 1974)	Kungl resol 12/7 1803, varigenom medaljen bekräftades och det medgavs att belöningar-

GRUPP	UTMÄRKELSE	ANM
K	a) större medalj i guld eller silver (11:e storleken) – bärs i band om halsen (ProPstGM/SM) b) mindre medalj i guld eller silver (8 ½:e storleken) – bärs i band (bandrosett) på bröstet – (ProPGM/SM)	na skulle få bäras offentligen i svart band med gula kanter; förekommer i två versioner: »För medborgerliga förtjänster« (förut »... dygder«) och »För trohet och flit«.
	Hushållningssällskapens belöningsmedaljer (1808 ff) – (Hush(st)GM/SM)	25 st instiftade med början 1808, varav 13 med Konungens bild. Banden olikartade; vid förkortning bör sällskapet i fråga anges t ex Älvsborgs läns norra Hushållningssällskaps stora belöningsmedalj i guld (ÄlvsbnHushstGM).
	Svenska jägareförbundets belöningsmedalj (1857, 1974). I guld och silver av 8 ½:e storleken – (SvJägfbGM/SM)	Nådigt tillstånd 27/3 1857 (Oscar I:s bild); kungabild ändrad genom senare nådiga tillstånd; bärs i grönt band med orangegula kanter. Vid 100- och 125-årsjubileerna 1930 och 1955 utdelades en *jubileumsmedalj i silver av 9:e storleken. (SvJägfbJubM) med Gustaf V:s respektive Gustaf VI Adolfs bilder; bärs i grönt band med stickade gula kanter.

GRUPP	UTMÄRKELSE	ANM
K	*Kungl Svenska Segelsällskapets förtjänstmedalj* (1904, 1951). I guld och silver av 8:e storleken (Konung Oscar II:s bild) – (KSSSGM/SM)	Nådigt tillstånd att förse medaljen med kunglig krona 18/7 1938 och utdela den i silver 15/2 1946; bärs i vitt band med ljusblå kanter; KSSS 100-årsjubileumsmedalj (1830) bärs i ljusblått band med breda vita kanter och nedanför dessa en rand av silvertråd (nådigt tillstånd 7/5 1930) och belöningsmedalj till besättningsmän (instiftad 1896, i guld, silver och brons).
	Svenska Röda korsets förtjänstmedalj (1911, 1975). I guld av 8:e och 5:e storlekarna, i silver av 8:e storleken – (SRKGM/SM8/GM5)	Nådigt brev (ej i hovprotokoll) 17/5 1911 för »Svenska frivilliga sjukvårdsväsendets förtjänstmedalj« (GM/SMsjv), sedan 1923 nuv namn; flera storlekar kan bäras samtidigt; bärs i band som är kluvet i ljusblått-gult och ljusblått.
	Centralförbundets för befälsutbildning förtjänstmedalj (1922, 1974). I guld och silver av 8:e storleken (oval) – (CFBGM/SM)	Nådigt tillstånd 31/5 1922 för »Sveriges landstormsföreningars centralförbunds förtjänstmedalj« (LandstGM/SM); nuv namn 1943. Blått band med två smala gula ränder på vardera sidan.
	Kungl Motorbåtsklubbens förtjänstmedalj (1923, 1974). I guld av 8:e storleken – (KMKGM)	Nådigt tillstånd 16/4 1923; bärs i orange-gult band med mörkblå kanter.

GRUPP	UTMÄRKELSE	ANM
K	*Svenska sportskytteförbundets förtjänstmedalj* (1927, 1981). I järn, guld och silver av 8:e storleken – (SvSpsfbJrMGM/SM)	Nådigt tillstånd 31/5 1927 för »Riksförbundets för kortdistansskjutning förtjänstmedalj« (till 15/3 1951 med dåv Kronprinsens bild och kronprinskrona); nuv namn 1943; bärs i mörkblått band med gula kanter.
	Sjövärnskårernas riksförbunds förtjänstmedalj (1929, 1982). I guld och silver av 8:e storleken – (oval) (SVKGM/SM)	Nådigt tillstånd 23/1 1929 för »Sveriges frivilliga motorbåtskårs förtjänstmedalj« (SvFMGM/SM), genom nådigt beslut 14/11 1941 ändrat till Sjövärnskårens förtjänstmedalj; avser fr 23/8 1982 verksamhet vid Sjövärnskårernas riksförbund; bärs i blått band med två gula ränder på vardera sidan.
	Skytteförbundens överstyrelses förtjänstmedalj (1929, 1974). I guld och silver av 9:e storleken – (SfbÖSGM/SM)	Nådigt beslut 30/5 1929, ersatte äldre förtjänstmedalj i guld från 1907, jämväl i silver fr o m 1936; bärs i mörkt orangegult band.
	Svenska blå stjärnans förtjänstmedalj (1930, 1974). I guld och silver av 8:e storleken – (SBSGM/SM)	Nådigt tillstånd 25/1 1930 för »Svenska röda stjärnans förtjänstmedalj«, nuv namn 1941; bärs i band kluvet i gult, blått och gult (jfr FAK).

GRUPP	UTMÄRKELSE	ANM
K	*Frivilliga automobilkårarnas riksförbunds förtjänstmedalj* (1934, 1974). I guld och silver av 8:e storleken (oval) – (FAKGM/SM)	Nådigt tillstånd 30/11 1934 (hovprotokoll) för FAK »förtjänsttecken«, benämningen »förtjänstmedalj« godkändes i hovprotokoll 11/6 1948; bärs i band kluvet i gult, blått och gult (jfr SBS).
	Sveriges orkesterföreningars riksförbunds förtjänstmedalj (1938, 1976). I guld av 9:e storleken – (SORfbFt)	Nådigt tillstånd 25/5 1938; bärs i blått band med två breda gula ränder.
	Kungl Svenska Segelsällskapets rorsmedalj (1938, 1951). I guld och silver av 8:e storleken (med Konung Gustaf V:s bild) – (KSSSrGM/SM)	Nådigt tillstånd 10/6 1938; marinens go nr 19/1941 (även gällande KSSSGM/SM); bärs i ljusblått band med vita kanter.
	Svenska livräddningssällskapet – simfrämjandets förtjänstmedalj (1938, 1974). I guld och silver av 8:e storleken – (Svls-RfSimGM/SM)	Nådiga tillstånd för dels Svenska livräddningssällskapets förtjänstmedalj i guld 18/11 1938 och i silver 18/12 1942 (bandet kluvet i vitt-mörkblått och vitt), dels Riksföreningens för simningens främjande (»Simfrämjandet«) förtjänstmedalj i guld och silver 27/10 1944; bärs i vitt band med en smal och en bred mörk rand på vardera sidan; samt 28/2 1974 för den sammanslagna organisationen. Nuvarande band är kluvet blått-vitt och blått.

GRUPP	UTMÄRKELSE	ANM
K	*Svenska kennelklubbens förtjänstmedalj* (1938, 1974). I guld (och urspr även silver) av 8:e storleken – (SvKKGM/SM)	Nådigt tillstånd 30/12 1938; bärs i mörkgrönt band med stickad silverrand i båda kanterna.
	**Lingiadens minnesmedalj* (1939) (med anledning av 100-årsminnet av P H Lings död). I guld av 8:e storleken – (LingJubM)	Nådigt tillstånd 19/1 1939 för Svenska gymnastikförbundets och Internationella gymnastikfederationens organisationskommitté fr o m 11/11 1939; jfr Andra Lingiadens minnesmedalj; bärs i ljusblått band med fyra gula ränder (som GV:sOlM).
	Kungl Svenska Aeroklubbens förtjänstmedalj (1939, 1974). I guld och silver av 8:e (förut även 5:e) storleken – (KSAKGM/SM/mv/)	Nådigt tillstånd 21/1 1939 tilldelas även »med vingar« för flygarbragd; bärs i ljusblått band.
	Frivilliga motorcykelkårernas riksförbunds förtjänstmedalj (1941, 1974). I guld och silver – FMCKGM/SM	Nådigt tillstånd 25/4 1941; go 25/5 1941 nr 1622; bärs i blått band med två vita ränder på mitten.
	Nordiska museets medalj för hembygdsvårdande gärning (1941). I guld (förgyllt brons) av 10:e storleken – (GMhvg)	Nådigt tillstånd 25/4 1941; bärs i gult band med mörkblå kanter.

GRUPP	UTMÄRKELSE	ANM
K	*Sveriges civilförsvarsförbunds förtjänstmedalj* (1941, 1974). I guld och silver av 7:e storleken (oval) – (SCFGM/SM)	Nådigt tillstånd 25/8 1941 för »Sveriges riksförbunds för civilt luftskydd (Riksluftskyddsförbundet) förtjänstmedalj« (RLSFGM/SM), efter namnändring nuv inskrift genom beslut 17/7 1951; bärs i mörkblått band.
	Kungl Automobilklubbens förtjänstmedalj (1942, 1974). I guld av 8:e storleken – (KAKGM)	Nådigt tillstånd 6/2 1942, ersatte äldre förtjänstmedalj i guld från 1913; KAK erhöll 17/9 1975 nådigt tillstånd även för »Motorprinsens medalj«; bärs i blått band med gul mittrand och smalare gul kantrand.
	Sveriges militäridrotts- och mångkampförbunds förtjänstmedalj (1943, 1987). I guld och silver av 8:e storleken – (SMIGM/SM)	Nådigt tillstånd 15/6 1943, ersatte äldre förtjänstmedalj från 1909; bärs i gult band med en bred och en smal blå rand i vardera kanten.
	Riksförbundet Sveriges lottakårers kungl förtjänstmedalj (1943, 1974). I guld och silver av 8:e storleken – (SLKGM/SM)	Nådigt tillstånd 3/12 1943 och (avseende särskilt band för SLKGM) 28/11 1968; GM bärs i gult band med två blå ränder och SM i blått band med två gula ränder.

GRUPP	UTMÄRKELSE	ANM
K	**Föreningen Sveriges flottas förtjänstmedalj* (1944). I guld och silver av 10:e storleken (med Drottning Victorias bild och kunglig krona) – (FSvFlGM/SM)	Nådigt tillstånd 15/7 1944 ersatte äldre medalj med annat band; bärs i blått band med en bred och en smal gul rand på vardera sidan.
	**Riksföreningen för simningens främjande (Simfrämjandet) förtjänstmedalj* (1944, 1951). I guld och silver av 8:e storleken – (RfSimGM/SM)	Nådigt tillstånd 27/10 1944; organisationen har sammanslagits med Svenska livräddningssällskapet (se ovan); bärs i vitt band med en bred och en smal mörkblå rand i kanten.
	Hemvärnets förtjänstmedalj (1947, 1974). I guld av 8:e storleken (oval) – (HvGM)	Gillad vid föredragning för H M Konungen (ej i hovprotokoll) 14/11 1947; bärs i blått band med fem smala gula ränder.
	Riksförbundet Sveriges Amatörorkestrars förtjänstmedalj (1948, 1974). I guld av 9:e storleken – (RSAOGM)	Nådigt tillstånd 21/5 1948 för »Sveriges Amatörmusikkårers förtjänstmedalj« (SAMKGM), nuv namn 1958; bärs i gult band med en bred mörkblå rand på vardera sidan.
	**Andra Lingiadens minnesmedalj* (1949). I guld av 8:e storleken – (LingMM)	Nådigt tillstånd 25/10 1946 för Svenska gymnastikförbundet med anledning av Andra Lingiaden 27/7 – 6/8 1949; bärs i mörkblått band.

GRUPP	UTMÄRKELSE	ANM
K	**Sveriges ungdomsberedskaps förtjänstmedalj* (1949). I guld av 8:e storleken – (SvUbGM)	Nådigt tillstånd 14/10 1949; bärs i ljusblått band med fem smala gula ränder.
	Svenska brandförsvarsföreningens förtjänstmedalj (1950, 1974). I guld av 8:e och (sedan 19/3 1968 även) 5:e storlekarna – (SvBrffGM8/5)	Nådigt tillstånd 11/2 1950 för »Svenska Brandkårernas Riksförbunds förtjänstmedalj« (SvBrfbGM/SM) i guld och silver, som ersatte en 1928 instiftad äldre medalj; nuv medalj (med nytt emblem men samma band) sedan 1/1 1964 (1969 års medalj kunde även utdelas med spänne för mod och rådighet vid eldsvåda e d); bärs i hög rött band med två gröna ränder på vardera sidan.
	Sveriges motorfederations kungl medalj (1951, 1974). I guld av 9:e storleken (oval) – (MotorfedGM)	Nådigt tillstånd 27/1 1951; utdelas sedan 1965 av Svenska bilsportförbundet (Svenska motorcykelförbundet); bärs i vitt band med gula kanter och en smal intilliggande blå rand på vardera sidan.
	Svenska pistolskytteförbundets förtjänstmedalj (1951, 1974). I guld och silver av 8:e storleken (oval) – (SvPistsfbGM/SM)	Nådigt tillstånd 30/5 1951, ersatte äldre medalj från 1937; bärs i band kluvet i ljusgrönt-vitt och ljusgrönt och däremellan smala svarta ränder.

GRUPP	UTMÄRKELSE	ANM
K	*Svenska ridsportförbundets förtjänstmedalj* (1958, 1994). I guld och silver av 8:e storleken – (SvRsfGM/SM)	Nådigt tillstånd 6/2 1958; bärs i vitt band med fem gröna ränder.
	Svenska polisens idrotts- och skytteförbunds förtjänstmedalj (1958). I guld och silver av 8:e storleken – (SvPlSGM/SM)	Nådigt tillstånd 17/5 1958; bärs i blått band med breda gula kanter.
	Sveriges kvinnliga bilkårers riksförbunds kungl medalj (1958). I guld och silver av 8:e storleken – (SKBRGM/SM)	Nådigt tillstånd 2/6 1958; bärs i mörkblått band med en vit rand i kanten och en bit innanför den vita en gul rand.
	Nationalföreningens för trafiksäkerhetens främjande (1959, 1974). I guld av 8:e storleken – (NTFGM)	Nådigt tillstånd 1959; bärs i gult band med en bred röd rand på vardera sidan.
	Flygvapenföreningarnas riksförbunds förtjänstmedalj (1991). I guld och silver av 8:e storleken – (FVRFGM/SM)	Nådigt tillstånd 1991; bärs i rött band med två blå ränder på vardera sidan.
	Frivilliga radioorganisationens särskilda förtjänstmedalj (1979). I guld och silver av 8:e storleken – (FROGM/SM)	GM bärs i gult band med breda blå kanter och SM i ett grått band med breda blå kanter.

GRUPP	UTMÄRKELSE	ANM
K	*Svenska värnpliktsofficersförbundets kungliga förtjänstmedalj* (1994). I guld av 8:e storleken – (SVOfbGM)	Nådigt tillstånd 1994; bärs i blått band med fyra gula ränder.
	Hemvärnsbefälets riksförbunds kungliga medalj (1996). I guld av 8:e storleken – (HBRGM)	Nådigt tillstånd 1995; bärs i gult band med fem smala gröna ränder.
L Några övriga medaljer och förtjänsttecken, som inte har Konungens bild och kungl krona	*Försvarsmaktens förtjänstmedalj* (1995). I guld och silver av 8:e storleken – (FMGM/SM)	Bärs i gult band. Kan kompletteras med svärd i guld/silver.
	Försvarsmaktens belöningsmedalj för internationella insatser (1995). I guld och silver av 8:e storleken – (FMintbGM/SM)	Bärs i blått band. Kan kompletteras med svärd i guld/silver.
	Kungl Patriotiska sällskapets Emmerymedalj (1781, 1923). I guld och silver av 11:e storleken – (PatrSEmGM/SM/mhb/)	Stadfästes 27/1 1781 och användes i form av jetong intill 1786; sedan 1880 använd såsom belöning för långvarig och trogen tjänst främst inom sjöfarten; GM kan bäras på bröstet eller om halsen, och SM om halsen, bandet är delat gult och grönt.
	Föreningen för skidlöpningens och (sedan 1938) *friluftslivets främjande i Sverige – Skid- och friluftsfrämjandets* (sedan 1967 *Friluftsfrämjandets*) – *förtjänstmedalj* (1899, 1975). I järn, guld och silver av 11:e storleken – (FrilJM/GM/SM)	

GRUPP	UTMÄRKELSE	ANM
L	*Sveriges centralförenings för idrottens främjande förtjänstmedalj* (1907). I guld och silver av (ca) 9:e storleken – (SvcfiGM/SM)	Bärs i mörkblått band med en gul rand i mitten och en i vardera kanten.
	Svenska gymnastikförbundets Lingmedalj (1907). I guld (och silver) – (SvGymnfbLingGM/SM)	Silvermedaljen används endast vid utlandsresor; bärs i ljusblått band.
	Skytteförbunds förtjänstmedalj (1907 ff). I guld och silver – (SfbGM/SM)	27 st instiftades med början 1907 i olika utförande och med olika band; vid förkortning bör förbundet i fråga anges enl vanliga förkortningsbestämmelser; i t ex ÖrsfbGM. Bärs i rött band med en gul och en blå rand i vardera kanten.
	Sveriges riksidrottsförbunds förtjänstmedalj (1910, 1947). I guld och silver av 8:e storleken – (SvrifbGM/SM)	Bärs i mörkblått band med två breda gula ränder på var sida.
	Svenska skidförbundets förtjänstmedalj (1914). I guld och silver av 8:e storleken – (SvSkifbGM/SM)	GM bärs i mörkblått band och SM i ljusblått band.
	Föreningens för befrämjande av skolungdomens vapenövningar förtjänstmedalj (1918, 1955). I guld och silver – (SkolVGM/SM)	Bärs i mörkblått band.

GRUPP	UTMÄRKELSE	ANM
L	*Sveriges militäridrotts- och mångkampförbunds guldmedalj med krans och band* (1920, 1987). I guld av 9:e storleken – (SMIgmmkrans)	För idrottsliga prestationer; bärs i gult band med en bred och en smal blå rand i vardera kanten och belagt med två korslagda kvistar.
	Befälsutbildningsförbunds (till 1943 Landstormsförbunds) *förtjänstmedalj* (1924 ff, 1943). I guld och silver – (BfbGM/SM förut LfbGM/SM)	30 st instiftades med början 1924 och med gemensamt band sedan 1926, men eljest i olika utföranden; bärs i gult band med två smala blå ränder på vardera sidan. Vid förkortning bör förbundet ifråga anges t ex UpplbfbGM.
	Sportskytteförbunds förtjänstmedalj (1927 ff). I guld och silver – (SpsfbGM/SM)	19 st instiftade med början 1927 med olika utföranden och olika band; vid förkortning bör förbundet ifråga anges (SödspsfbGM).
	Frivilliga automobilkårernas riksförbunds förtjänsttecken (1934, 1958). I guld och silver – (FAKGFt/SFt)	Instiftat 1934 såsom »FAK medalj«, nuv benämning sedan 1948; bärs i band kluvet i blått och gult.
	Stockholms-Tidningens (utdelas sedan 1965 av Aftonbladet) *guldmedalj för berömlig flygargärning* (1938, 1965). I guld av 8:e storleken – (StTGM)	Bärs i ljusblått band.

GRUPP	UTMÄRKELSE	ANM
L	*Svenska brukshundsklubbens förtjänstmedalj för gagnerik kynologisk verksamhet* (1940, 1988) – (SBKkynGM)	Bärs i grönt band med en bred vit rand på vardera sidan.
	Sveriges civilförsvarsförbunds (till 1951 Riksluftskyddsförbundets) *förtjänsttecken* (1941). I guld, silver och brons – (SCFGFt/SFt/BFt)	Bärs i högrött band med två smala gula ränder på vardera sidan.
	Riksförbundet Sveriges lottakårers förtjänstmedalj (1944, 1968). I guld och silver av 8:e storleken – (SLKgm/sm)	Instiftad i silver 19/5 1944 och i guld 15/9 1967; särskilda band enligt nådigt tillstånd 28/11 1968; gm:s band kluvet i grått, blått, gult, blått och grått; sm:s band kluvet i grått, blått, grått, blått och grått.
	Svenska Röda korsets förtjänsttecken (1944). I silver – (SRKSFt)	Bärs i rött band med en vit rand på vardera sidan.
	Hemvärnets Petrimedalj (1944, 1996). I silver av 8:e storleken – (HvPetriM)	Bärs i grönt band med breda blå kanter och med en gul rand i de blå fälten.
	Pistolskyttekrets förtjänstmedalj (1944 ff) – (PistskFM)	Instiftade (26 st) med början 1944 i olika utförande och med olika band; vid förkortning bör kretsen ifråga anges.

GRUPP	UTMÄRKELSE	ANM
L	*Svenska korporationsidrottsförbundets förtjänstmedalj* (1946) utdelas såsom »hedersmedalj« (= i guld) samt »silver- och bronsmedalj med band« – (SvKifbGM/SM/BM)	Samma medaljer tilldelas utomstående personer såsom »medalj med band« (i guld, silver och brons); bärs i band kluvet i blått-gult och blått.
	Svenska blå stjärnans förtjänsttecken (1947, 1966). I silver av 8:e storleken – (SBSFt/mstj/)	Kan sedan 1966 för ytterligare förtjänster även utdelas med en blå emaljstjärna på bandet; bärs i band kluvet i blått, vitt och blått.
	Hemvärnets silvermedalj (1951). I silver av 8:e storleken – (HvSM)	Frånsida varierar för vederbörande försvarsområde eller driftvärn; bärs i blått band med två smala gula ränder i mitten och en på vardera sidan.
	Centralförbundets för befälsutbildning förtjänsttecken (1953). I guld av 8:e storleken – (CFBFt)	Bärs i blått band med en gul rand på mitten.
	Skytteförbundens överstyrelses Bernadottemedalj (1955). I guld av 8:e storleken – (SfbÖSBernM)	Bärs i mörkt orangegult band med en smal blå rand på vardera sidan.
	**Ryttarolympiadens* 1956 *förtjänstmedalj* (1956). I guld av ca 13:e storleken (oval) – (RyttOlFM)	Instiftad med anledning av den XVI:e olympiadens ryttartävlingar i Stockholm 10-17/6 1956 och utdelad med Konungens gillande; bärs i gult band med två ljusblå ränder på vardera sidan.

GRUPP	UTMÄRKELSE	ANM
L	**Svenska ridsportens centralförbunds förtjänstmedalj* (1957, 1961). I guld med lagerkrans (urspr briljanter), guld och silver – (SRCfbGMkrans/GM/SM) (förut: SvRspFt)	Instiftad 1957 såsom »Svensk ridsports förtjänsttecken«, nuv benämning sedan 1961; bärs i mörkblått band med en sammanliggande gul och vit rand på vardera sidan.
	Frivilliga radioorganisationens förtjänstmedalj (1958, 1989). I guld och silver av 8:e storleken – (FROgm/sm)	Bärs i grönt band med en bred gul rand på mitten och en smal gul rand på vardera sidan (gm), grönt band med en bred gul rand på vardera sidan (sm).
	Svenska polisens idrotts- och skytteförbunds förtjänsttecken (1958). I guld, silver och brons – (SvPlSGFt/SFt/BFt)	Bärs i blått band med breda gula kanter.
	Sjövärnskårernas förtjänsttecken (1961, 1982). I silver av 8:e storleken – (SVKSFt)	Instiftat genom mo 126 2/3 1961 att ersätta tidigare flottiljmedaljer (8 st), vilka utdelades t o m 1965. Avser fr o m 24/8 1982 verksamhet inom kårernas riksförbund; bärs i ljusblått band med två breda vita ränder i vardera sidan.
	Sveriges kvinnliga bilkårers riksförbunds förtjänstmedalj (1963). I guld av 8:e storleken – (SKBRgm)	Bärs i mörkblått band med två vita ränder och däremellan en gul rand på mitten.

GRUPP	UTMÄRKELSE	ANM
L	*Frivilliga radioorganisationens förtjänsttecken* (1979). I brons av 8:e storleken – (FROBFt)	Bärs i grönt band med två smala gula ränder på vardera sidan.
	Frivilliga motorcykelkårernas riksförbunds förtjänsttecken (1986). I guld av 8:e storleken – (FMCKGFt)	Bärs i blått band med en vit rand på mitten.
	Statens försvarshistoriska museers förtjänstmedalj (1995). I guld, silver och brons av 8:e storleken – (SFHMGM/SM/BM)	Bärs i svart band med gula kanter.

3. *Några officiella medaljer, som icke formellt upphävts, men som saknar nu levande innehavare*

UTMÄRKELSE	ANM
För tapperhet i fält (1789) (GM/SMtf)	Har förlänats av Kungl Maj:t senast 1915;
För tapperhet till sjöss (1789) (GM/SMts). I guld (sedan 1808) eller silver av 8:e storleken (sedan 1809 med Svärdsordens riddarkors på åtsidan och statutenligt utan kunglig krona)	Jfr 1951 års krigsdekorationskommittés (KDK 51) till ÖB 20/2 1952 överlämnade utredning om Kungl Svärdsordens krigskors.
Örlogsflottans hederstecken eller bl a »Distinktionstecknet av ankaret« (1789)	I två grader på bröstet; utdelades av örlogsflottans befälhavare (kb 6/4 1789) – jfr Fst 1974-03-28: PV 980.

Förkortningar för ordnar och medaljer

SEDAN 150 år tillbaka har det varit brukligt att i matriklar, personkalendrar och rullor ange innehav av ordnar och medaljer genom förkortningar i stället för de fullständiga namnen. Detta gäller såväl svenska som utländska dekorationer.

De allmänt vedertagna förkortningarna avser såväl svenska som utländska ordnar, medaljer och andra utmärkelsetecken. Några exempel på hur förkortningarna sammanfogas:

Kon:sGM8mserafb betyder H M Konungens medalj i guld av 8:e storleken i serafimerordens band.

KNS:tOOmstj betyder K – Kommendör, N – norska, S:tOO – Sankt Olavs Orden, m – med, stj – stjärna (kraschan).

SfbÖBernM – Svenska skytteförbundens överstyrelses Bernadottemedalj.

FFrK3klmsv – Finska frihetskorsets tredje klass med svärd.

StOffFrHL – Storofficer (= kommendör första klass) av franska Hederslegionens orden.

1. *Allmänna förkortningar*

FÖRKORT.	UTMÄRKELSE	FÖRKORT.	UTMÄRKELSE
bfb	befälsutbildningsförbunds	GM	guldmedalj (förtjänstmedalj i guld)
BM	bronsmedalj	Ht	hederstecken
br	med briljanter	Jmt	jubileumsminnestecken
Cf	civilförtjänst-	K(1,2kl)	kommendör (första, andra klassen) av
Frk(M)	frihetskors (medalj)	kl	klass
FK	förtjänstkors	Kmstk	kommendör med stora korset av
FM	förtjänstmedalj	Kr(g)K	krigskors
Ft	förtjänsttecken	L(1,2kl)	ledamot (första, andra klassen) av
G	i guld	lfb	landstormsförbunds

FÖRKORT.	UTMÄRKELSE
M	medalj
mbr	med briljanter
mekl	med eklöv
mkedja	med kedja
mkr	med kraschan
mkrans	med krans
mkr(n)	med krona
MM	minnesmedalj
mserafb	i serafimerordens band
msp	med spänne
mstj	med stjärna
mstk	med stora korset av
msv	med svärd
msvosp	med svärd och spänne
Mt	minnestecken
Nf	nationalförtjänst-
Off	officer av
OlM(Ht)	olympisk medalj (hederstecken)
R(1,2kl)	riddare (första, andra klassen) av
R-R	rättsriddare av
S	i silver
sfb	skytteförbunds
SM	silvermedalj
Stk	storkorset av
StOff	storofficer av
st	stora

2. *Svenska ordnar och medaljer m m*

R(L)oKavKMO	Riddare (ledamot) och kommendör av Kungl Maj:ts Orden (Serafimerorden)
R(L)SerafO	Riddare (Ledamot) av Serafimerorden
GV:sJmtII	Minnestecken med anledning av Konung Gustaf V:s 90-årsdag (1948)
GV:sJmt	Minnestecken med anledning av Konung Gustaf V:s 70-årsdag (1928)
GVIA:sMM	Minnesmedalj med anledning av Konung Gustaf VI Adolfs 85-årsdag (1967)
CXVIG:sJmt	Minnestecken med anledning av Konung Carl XVI Gustafs 50-årsdag (1996)
GV:sMt	Minnestecken med anledning av Konung Gustaf V:s frånfälle (1950)
Kon:sGM8(12)	Konungens guldmedalj i åttonde (tolfte) storleken
SerafGM	Serafimermedaljen

FÖRKORT.	UTMÄRKELSE
LetA	Medaljen litteris et artibus
EugGM	Prins Eugen-medaljen
CarlGM	Prins Carl-medaljen
SO	Svärdsorden
Svm	Svärdsman
SvM	Svärdsmedaljen
NO	Nordstjärneorden
NOGM	Nordstjärnemedaljen
VO	Vasaorden
VG(S)M	Vasamedaljen i guld (silver)
CXIII:sO	Carl XIII:s orden
GV:sOlM	Konung Gustaf V:s olympiska minnesmedalj (1912)
GV:sPostJubM	Konung Gustaf V:s postföreningsjubileumsmedalj (1924)
FMGM/SM	Försvarsmaktens förtjänstmedalj i guld och silver
FMintbGM/SM	Försvarsmaktens belöningsmedalj för internationella insatser i guld och silver
LingJubM	Lingiadens jubileumsmedalj (1939)
LingM	Minnesmedalj med anledning av Andra Lingiaden 1949
VMFM	Världsmästerskapstävlingarna i fotboll 1958 förtjänstmedalj
bg	för berömliga gärningar
nor	för nit och redlighet

FÖRKORT.	UTMÄRKELSE
tf(s)	för tapperhet i fält (till sjöss)
JohO	Johanniterorden
CFB	Centralförbundets för Befälsutbildning förtjänst-
FAK	Frivilliga Automobilkårernas Riksförbunds förtjänst-
FMCK	Frivilliga Motorcykelkårernas Riksförbunds förtjänst-
Frilftj	Friluftsfrämjandets förtjänst-
FRO	Frivilliga Radioorganisationens förtjänst-
FSvFl	Föreningens Sveriges Flottas förtjänst-
FVRF	Flygvapenföreningarnas riksförbunds förtjänst-
HBRGM	Hemvärnets riksförbunds förtjänstmedalj i guld
Hush	Hushållningssällskaps förtjänst-
Hv	Hemvärnets (förtjänst-)
KAK	Kungl Automobilklubbens förtjänst-
KMK	Kungl Motorbåtsklubbens förtjänst-
KSAK	Kungl Svenska Aeroklubbens förtjänst-
PatrS	Kungl Patriotiska Sällskapets
ProP	Kungl Sällskapets Pro Patrias belönings-
Rsf	Svenska ridsportförbundets förtjänst-
RSLF	Rikslufskyddsförbundets förtjänst-
RSAO	Riksförbundet Sveriges amatörorkestrars förtjänst-
RyttOlFM	Ryttarolympiadens 1956 förtjänstmedalj

FÖRKORT.	UTMÄRKELSE
SBK	Svenska Brukshundsklubbens förtjänst-
SBS	Svenska Blå Stjärnans förtjänst-
SCF	Sveriges Civilförsvarsförbunds förtjänst-
SKBR	Sveriges Kvinnliga Bilkårers Riksförbunds förtjänst-
SkolV	Föreningen för befrämjande av skolungdomens vapenövningar förtjänst-
SfbÖS	Skytteförbundens överstyrelses förtjänst-
SfbÖSBernM	Skytteförbundens överstyrelses Bernadottemedalj
SLK	Riksförbundet Sveriges Lottakårers förtjänst-
SOFT	Svenska Orienteringsförbundets förtjänst-
SvPistsfb	Svenska Pistolskytteförbundets förtjänst-
SRK	Svenska Röda korsets förtjänst-
SvSpsfb	Svenska Sportskytteförbundets förtjänst-
S:tEM	Stockholms S:t Eriksmedalj
SvBrff	Svenska Brandförsvarsföreningens förtjänst-
SVK	Sjövärnskårernas förtjänst-

FÖRKORT.	UTMÄRKELSE
Svcfi	Sveriges centralförening för idrottens främjande förtjänst-
SvFfb	Svenska Fäktförbundets förtjänst-
Svgiffrb	Svenska gymnastik och idrottsförbundens förtjänst-
SvJägfb	Svenska Jägareförbundets förtjänst-
Svls	Svenska Livräddningssällskapets förtjänst-
Svmifb	Sveriges militäridrotts och mångkampförbunds förtjänst-
Svrifb(Jub)	Sveriges Riksidrottsförbunds förtjänst- (jubileums-)
SvRoff	Svenska arméns och flygvapnets reservofficers-förbunds
SVOfb	Svenska värnpliktsofficersförbundets
Flstrm	Flygstridsmärke m/39
Lstrm	Luftstridsmärke m/43
(2)Skytte(G)M	Medalj (2 medaljer) för skjutning med eldhand-vapen eller (och) kulspruta i silver (guld)

3. *Utländska ordnar och medaljer*

(* anger att dekorationen ej längre utdelas)

AlbFrO	Albanska frihetsorden
AmLegMer	Amerikanska Legion of Merit
AmMFr	Amerikanska Medal of Freedom
ArgAM	Argentinska orden Al Mérito

FÖRKORT.	UTMÄRKELSE	FÖRKORT.	UTMÄRKELSE
BKrO	Belgiska Kronorden	EtMenO	Etiopiska Menelik II:s orden*
BLeopO	Belgiska Leopoldsorden	FFrK	Finska Frihetskorsets orden
BLeopII:sO	Belgiska Leopold II:s orden	FFrM	Finska Frihetsmedaljen*
BMilK	Belgiska Militärkorset	FLO	Finlands Lejons orden
BolKO	Bolivianska Kondor-orden	FLFK	Finlands Lejons förtjänstkors
BrasMNO	Brasilianska Marinförtjänstorden	FMMmsvosp	Finsk krigsminnesmedalj med svärd och spänne*
BrasRBO	Brasilianska Rio Brancoorden	FVRO	Finlands Vita Ros orden
BrasSKO	Brasilianska Södra korsets orden	FVRGM/Ft	Finlands Vita Ros guldmedalj (förtjänsttecken)
BulgRFO	Bulgariska republikens förtjänstorden	FrHL	Franska Hederslegionens orden
ChilAM	Chilenska orden Al Mérito	FrNfO	Franska Nationalförtjänstorden
ChilBOHO	Chilenska Bernardo O'Higginsorden	FrKrgK	Franska Krigskorset*
ColBO	Colombianska Boyaçá-orden	FrPAcad	Franska orden Palmes Académiques
ColNAPO	Colombianska Naval Almirante Padillaorden	FrMAgrO	Franska orden Mérite Agricole
CubCéspO	Cubanska Céspedesorden	FrMMarO	Franska orden Mérite maritime
DahomNO	Dahomeys Nationella orden	FrAetLO	Franska orden Arts et Lettres
DBGM	Danska belöningsmedaljen i guld	GabEkvStjO	Gabons Ekvatorns Stjärnorden
DDO	Danska Dannebrogsorden	GrHO	Grekiska Hedersorden
DElefO	Danska Elefantorden	GrS:tGKO	Grekiska S:t Georgs och S:t Konstantins orden
DFrM	Danska Konung Christian X:s frihetsmedalj*	GuatQuO	Guatemalas Quetzalorden
DHvFt	Danska hemvärnets förtjänsttecken	HohHO	Furstl Hohenzollernska husorden
EgyptFO	Egyptiska arabrepublikens förtjänstorden	IranLSO	Iranska Lejon- och Solorden*
EgyptNilO	Egyptiska Nilorden	IslFO	Isländska Falkens orden
ElfFO	Elfenbenskustens förtjänstorden	ItKrO	Italienska Kronorden*
ETMK	Estniska Terra Marianakorset	ItMilO	Italienska militärorden
EVSO	Estniska vita stjärnans orden	ItRFO	Italienska republikens förtjänstorden

FÖRKORT.	UTMÄRKELSE
JHSO	Japanska Heliga skattens orden
JUSO	Japanska Uppgående solens förtjänstorden
JordSjO	Jordaniens självständighetsorden
JugStjO	Jugoslaviska Stjärnorden*
JugFlO	Jugoslaviska Flaggans orden*
KinGskO	Kinesiska Gyllene skördens orden
KongoFO	Demokratiska republiken Kongos förtjänstorden
LettSO	Lettiska Tre stjärnors orden
LibanCederO	Libanons Cederorden
LiberAfrBO	Liberias Afrikas befrielses orden
LiberAfrStjO	Liberias Afrikas stjärnorden
LiechtFO	Liechtensteinska förtjänstorden
LitGedO	Litauiska Gediminasorden
LitVytO	Litauiska Vytautasorden
LuxEkkrO	Luxemburgska Ekkroneorden
LuxFO	Luxemburgska förtjänstorden
MarOAO	Marockanska Ouissam Alouiteorden
MaurNfO	Mauretaniens nationalförtjänstorden
MexÖO	Mexikanska Aztekiska Örnens Orden
MonS:tCO	Monacos S:t Carlos Orden
MonKrO	Monacos Kronorden
NedOHO	Nederländska Oranien-husorden
NedONO	Nederländska Oranien-Nassauorden
NFrK	Norska Konung Håkon VII:s frihetskors*

FÖRKORT.	UTMÄRKELSE
NFrM	Norska Konung Håkon VII:s frihetsmedalj*
NFO	Norska Förtjänstorden
NHvFM	Norska hemvärnets förtjänstmedalj
NKDM	Norska Krigsdeltagarmedaljen*
NKonGM	Norska Konung Håkon VII:s erinringsmedalj i guld*
NOV:sJubM	Norska Konung Olav V:s jubileumsmedalj*
NS:tOM	Norska S:t Olavsmedaljen
NS:tOO	Norska S:t Olavsorden
PeruAM	Perus förtjänstorden Al Mérito
PeruSO	Perus Solorden
PVÖO	Polska Vita Örnens orden
PolRest	Polska orden Polonia restituta
PFO	Portugisiska förtjänstorden
PHSjO	Portugisiska Henrik Sjöfararens orden
PKO	Portugisiska Kristiorden
PTSO	Portugisiska Torn- och Svärdsorden
PåvlHGO	Påvliga Heliga Gravens orden
PåvlPO	Påvliga Piusorden
PåvlS:tGO	Påvliga S:t Gregorius den stores orden
PåvlS:tSO	Påvliga S:t Sylvesters orden
RumFRStjO	Rumänska folkrepublikens Stjärnorden*
RumFR23AugO	Rumänska folkrepublikens orden 23 augusti*
SaudAAO	Saudiska Abdul Azizorden

FÖRKORT.	UTMÄRKELSE
SenegNfO	Senegals Nationalförtjänstorden
SMarO	San Marinos orden
SMarS:tAO	San Marinos S:ta Agata orden
SMaltO	Suveräna Malteserorden
SovjLenO	Sovjetunionens Leninorden*
SovjRFO	Sovjetunionens Röda Fanans orden*
SpAX:sO	Spanska Alfonso X:s orden*
SPCIII:sO	Spanska Carl III:s orden
SpCfO	Spanska Civilförtjänstorden
SpICO	Spanska Isabella den katolskas orden
SpMfO	Spanska Militärförtjänstorden
StbBathO	Storbritanniska Bathorden
StbEmpO	Storbritanniska Empireorden
StbS:tMGO	Storbritanniska S:t Mikaels o S:t Georgs orden
StbMC	Storbritanniska Military Cross
StbVO	Storbritanniska Victoriaorden

FÖRKORT.	UTMÄRKELSE
SyrFO	Syriens förtjänstorden
ThaiKrO	Thailands Kronorden
ThaiVEO	Thailands orden Vita Elefanten
TjVLO	Tjeckiska Vita lejonets orden
TunNI	Tunisiska orden Nichan-Iftikhar*
TunRO	Tunisiska republikens orden
TyskRFO	Tyska förbundsrepublikens förtjänstorden
TyskJrk	Tyska Järnkorset*
UngRFO	Ungerska republikens förtjänstorden
UngFRFanO	Ungerska folkrepublikens Röda fanans orden*
VenBO	Venezuelas Bolivarorden
VenMO	Venezuelas Francisco de Mirandas orden
ZaïrNO	Zaïres Nationalorden
ÖRFO	Österrikiska förbundsrepublikens förtjänstorden
ÖRFt	Österrikiska förbundsrepublikens förtjänsttecken

4. Internationella organisationers utmärkelser

IRKFlorNM	Internationella Röda korsets Florence Nightingale medalj
FNM(UNM)	Förenta Nationernas medalj (United Nations Medal)

Svensk författningssamling

Förordning om ändring i ordenskungörelsen (1974:768);

SFS 1995:1025
Utkom från trycket den 25 juli 1995
Omtryck

utfärdad den 29 juni 1995.

Regeringen föreskriver att 1–4 §§ ordenskungörelsen (1974:768) skall ha följande lydelse.

Kungörelsen kommer därför att ha följande lydelse från och med den dag då denna förordning träder i kraft.

1 §[1] Inom Kungl. Serafimerorden kan utmärkelser tilldelas statschefer och därmed jämställda personer samt medlemmar av det svenska konungahuset. *Förordning (1995:1025).*

2 § Inom Kungl. Nordstjärneorden kan utmärkelser tilldelas medlemmar av det svenska konungahuset samt utländska medborgare som har gjort personliga insatser för Sverige eller för svenskt intresse.

Med utländsk medborgare likställs statslös som är bosatt utomlands. *Förordning (1995:1025).*

3 § Beslut om utmärkelse enligt 1 eller 2 § meddelas av Kungl. Maj:ts Orden. I fråga om utländska medborgare meddelas beslut på förord av regeringen.

Förslag om utmärkelse enligt 2 § till utländska medborgare skall av myndigheter under regeringen ges in till det departement dit myndigheten hör. *Förordning (1995:1025).*

4 § Stadgar för Kungl. Serafimer- och Nordstjärneordnarna fastställs av Kungl. Maj:ts Orden, sedan de godkänts av regeringen. *Förordning (1995:1025).*

5 § Ordensavgift och avgift för ordensbrev bekostas av statsmedel.

6 § Ytterligare föreskrifter för verkställigheten av denna kungörelse meddelas av chefen för Utrikesdepartementet.

[1]Senaste lydelse 1995:497.

SFS 1995:1025

Denna förordning träder i kraft den 1 augusti 1995.

På regeringens vägnar

LAILA FREIVALDS

Göran Schäder
(Justitiedepartementet)

Kungl. Maj:ts Orden fastställde i enlighet med 4 § ordenskungörelsen (1974:768) den 17 december 1974 stadgar för Kungl. Serafimer- och Nordstjärneordnarna. Med anledning av ändring i ordenskungörelsen (1995:1025) har Kungl. Maj:ts Orden den 21 december 1995 fastställt följande lydelse av stadgarna för Kungl. Serafimer- och Nordstjärneordnarna.

ALLMÄNNA BESTÄMMELSER

1 §.

Konungen är ordnarnas Stormästare.

2 §.

Allt efter tillagd värdighet är innehavare av orden riddare, ledamot eller kommendör.

3 §.

Ordnarnas insignier är ordenstecken, kraschan och kedja. Kedja utdelas endast såsom särskild utmärkelse.

4 §.

Ordensbrev undertecknas av Stormästaren eller, när han så förordnar, av ordenskanslern samt förses med Serafimerordens sigill.

Ordenssigillet upptager det krönta lilla riksvapnet, omgivet av Serafimerordens kedja. Omskriften lyder: Sigillum Ordinis Equestris Seraphinorum.

5 §.

Ordenskapitlet äger förklara innehavare av orden densamma förlustig.

6 §.

Avliden ordensinnehavares ordensutmärkelser återfordras genom Utrikesdepartementet.

7 §.

Bestämmelser för ordnarnas bärande meddelas av Stormästaren.

ORDENSKAPITLET

§ 8.

Ordinarie ordenskapitel sammanträder varje år på dag i april, som Stormästaren bestämmer.

Kallelse till ordenskapitlet utfärdas av ordenskanslern på Stormästarens uppdrag.

9 §.

Ordenskapitlet består av ordenskanslern, vice ordenskanslern samt ytterligare fyra av Stormästaren utsedda ledamöter.

Är Stormästaren ej närvarande, föres ordet av kanslern eller, om han är förhindrad, av vice kanslern.

10 §.

I ordenskapitlet upptages till behandling de framställningar Stormästaren förelägger kapitlet, även som de förslag, som väckes genom kanslern eller annan ledamot. Beslut om ordnarnas ekonomiska angelägenheter meddelas i ordenskapitlet.

I ordenskapitlet utses två revisorer jämte en suppleant att granska räkenskaper och förvaltning. Revision skall vara verkställd före nästa ordinarie ordenskapitel, då anmälan därom göres.

11 §.

Förutom det ordinarie ordenskapitlet hålles extra ordenskapitel, när Stormästaren så bestämmer.

ÄMBETS- OCH TJÄNSTEMÄN

12 §.

För handhavandet av ordnarnas angelägenheter finns en ordenskansler, en vice ordenskansler, en skattmästare och en sekreterare, vilka samtliga utses av Stormästaren.

För skattmästaren och sekreteraren fastställes instruktioner av ordenskapitlet.

Annan erforderlig personal anställes av ordenskanslern.

Källor och litteratur

Areen: *De nordiska ländernas officiella belöningsmedaljer* (1938)
Areen-Lewenhaupt: *De nordiska ländernas riddarordnar* (1942)
Areen-Lewenhaupt: *När och hur böra ordnar bäras* (3 Uppl 1953)
Berghman: *Nordiska riddarordnar och dekorationer* (1949)
Hieronymussen: *Europæiske Ordner i Farver* (dansk upplaga 1966 och senare)
Kleberg m fl: *Kungl Svenska Riddarordnarna* (1935)
Kungl Maj:ts ordenskungörelse SFS 1974:768 med ändr. 1995:497 och 1025
Kungl Maj:ts proposition 1973:91 till riksdagen
»De Kungl Svenska Riddarordnarna«, *Ordenskalender* (1958/59, 1963, 1969 och 1975)
Löfström: *Sveriges Riddarordnar* (1948)
Löfström: *Illis quorum meruere labores* (1933)
Löfström: *Litteris et artibus* (1935)
Martin-Richebé: *Armoiries et Décorations* (1896)
Ordensprotokoll m m i KMO arkiv
Ordnar och medaljer. Promemoria upprättad inom statsrådsberedningen och finansdepartementet (Stencil 1972)
Kanslersämbetets vid Kungl Maj:ts Orden utredning angående ett reformerat ordensväsen (Stencil 1972)
Die Orden, Wappen und Flaggen aller Regenten und Staaten (ca 1900)
Påhlsson: *Europas ordnar i färg.* Korrektur deponerat 1984 i KMO arkiv
Reglemente med tjänsteföreskrifter m m för försvarsmaktens personal (1983 års upplaga)
Rosenstein: *De Ordinum Equestrium in Svecia* (1748)
Stadgar för Kungl Riddarordnarna (1798, 1902 och 1952)
Stadgar för Kungl Serafimer- och Nordstjärneordnarna (1974 och 1995)
Statutes for the Royal Orders of the Seraphim and the Northern Star (1978)
Södermark: *Kungl Svenska Riddarordnarna* (1907)
Thordeman-Rasmussen: *Medaljen genom tiderna* (1942)
Thornit: *The Royal Commemorative and Coronation Medals of Scandinavia* (1948)
af Tibell: *Seraphimerordens historia 1285-1748* (1826)
Trost: *Die Ritter- und Verdienst-Orden, Ehrenzeichen und Medaillen* (1910)
Åsbrink: *Vasaorden* (1922)